Edition Akzente
Herausgegeben von
Michael Krüger

Martin Seel

Vom Handwerk
der Philosophie

44 Kolumnen

Carl Hanser Verlag

1 2 3 4 5   05 04 03 02 01

ISBN 3-446-20066-5
© 2001 Carl Hanser Verlag München Wien
Umschlag: nach einem Entwurf von Klaus Detjen
Foto: Peter Andreas Hassiepen
Satz: Filmsatz Schröter GmbH, München
Druck und Bindung: Friedrich Pustet, Regensburg
Printed in Germany

Inhalt

Vorwort

Hundert Romane in Pillenform heißt der deutsche Untertitel des Prosabandes *Centuria* von Giorgio Manganelli, der aus lauter Stücken besteht, die einfach und kompliziert, frivol und zart die Imagination des Romans mit der Ökonomie des Aphorismus verbinden. Hier sind vierundvierzig Traktate in Pillenform, von denen ich mir wünschte, sie könnten in ihrem Genre ähnliche Wunder vollbringen. Sie werden umrahmt von zwei Zugaben; die eine flaniert durch die Werkstatt der philosophischen Produktion, die andere erkundet die Situation, in der sich das Philosophieren gegenwärtig befindet.

Die vierundvierzig Stücke sind Artikel, die ich von November 1998 bis Mai 2001 – zuerst einmal, dann zweimal im Monat – als Philosophie-Kolumnen für *Die Zeit* geschrieben habe. Sie erscheinen hier in der Reihenfolge, in der sie ursprünglich publiziert worden sind, allerdings in der Fassung der Manuskripte, die ich an die Redaktion gesandt habe. Sie sind also um das eine oder andere Wort oder die eine oder andere Zeile länger, die bei der ersten Veröffentlichung einer Kürzung zum Opfer fielen – und sie haben alle den richtigen Titel. *Die Residenz des Radiergummis* lautete die Überschrift der 7. Kolumne am 27. 5. 1999, was niemanden störte außer den Autor, der hier doch auf der *Resistenz* des Radiergummis bestehen möchte.

Wie allerdings Romane in Pillenform keine rechten Romane sind, so sind Traktate in Pillenform keine rechten Traktate. Die meisten von ihnen haben die äußere Form einer kurzen Rezension; es wird über ein philosophisches Buch gesprochen, oft im Blick auf andere Autoren und Bücher. Aber für eine Rezension sind die Texte zu ungerecht; sie lassen den besprochenen Werken nur wenig Raum. Eher handelt es sich um *Reaktionen*: Mit meinen Sätzen reagiere ich auf einen oder einige der Gedanken, die mich beim Lesen angesprochen haben. Ich nehme einen Faden auf, sei es um ihn weiterzuspinnen, sei es um einen Strick daraus zu drehen; ich mache mir einen Reim auf Beiträge, die oft einen anderen haben. Geschrieben habe ich über alles, was mir in der fraglichen Zeit in die Quere gekommen ist, soweit es nicht schon anderweitig zur Besprechung vergeben war.

Man kann diese Kolumnen als ambulante Behandlungen altbewährter philosophischer Probleme lesen, als Nachrichten aus dem philosophischen Leben oder aber als Stilübungen eines Philosophen, der versucht, in fünf Absätzen von einer fremden Prämisse zu einem eigenen Schluss zu kommen. Trotz der im Ganzen zufälligen Reihe der Kolumnen bin ich mir zweier Steckenpferde bewusst (vielleicht sind es auch Obsessionen), die mich beim Schreiben geritten haben. Das eine liegt in der Parteinahme für eine Erkenntnistheorie, die den Gegensatz zwischen Realismus und Konstruktivismus gegenstandslos macht, das andere in einem Faible für ein Philosophieren, das entschieden systematisch ist, ohne sich im Irrgarten eines Systems zu verlieren.

Danken möchte ich Thomas Assheuer für den Zuspruch, mit der er die Arbeit an diesen Miniaturen in Gang gebracht und in Gang gehalten hat. Man liest das in Widmungen öfter und mag es nur selten glauben, hier aber stimmt es: ohne ihn gäbe es diese Sachen nicht.

Hamburg, im Mai 2001   *M. S.*

Vom Handwerk der Philosophie

In Platons frühen Dialogen hat Sokrates stets das Beispiel von Handwerkern parat, die ihre Sache, etwa das Herstellen von Schuhen, wirklich verstehen. Deren Fertigkeit hält er den geschäftstüchtigen Redekünstlern entgegen, die – so meint er – von Dingen sprechen, über die sie in Wahrheit nichts wissen. Aber Sokrates, ursprünglich selber Schuster, hat mit dem Handwerk seiner Philosophie nicht wirklich Ernst gemacht. Das tat erst Platon. Der redete nicht nur, er schrieb. Er machte aus seinen Überlegungen Texte. Seitdem hat auch in der Philosophie alle Virtuosität eine technische Seite. Jeder hat dann und wann einen philosophischen Gedanken, aber einen Text zu machen, der einen – oder mehr als einen – bedenkenswerten philosophischen Gedanken entfaltet, das will gekonnt sein.

Dieses Können ist ein praktisches Wissen-wie, das sich nicht in ein theoretisches Wissen-dass überführen lässt, wieviel sachliche Kenntnis mit ihm auch verbunden sein mag. Vielleicht hat Sokrates deshalb nicht geschrieben, weil ihm der nichttheoretische Charakter dieses Wissens verdächtig war. Nach einer einflussreichen Deutung hingegen ist Platons Lehre von den Ideen die Theorie gerade eines solchen praktischen Wissens, eines Sich-mit-etwas-Auskennens, ohne das es kein echtes Über-etwas-Bescheid-wissen gibt. Platon hätte also, wenn diese Deutung richtig ist, nicht nur nicht zufälligerweise geschrieben, er hätte es auch im Einklang mit seinen tiefsten Überzeugungen getan. Im Prozess seines dialogischen Schreibens wäre er den Ideen näher gewesen als in der Beherzigung dieses oder jenes philosophischen Satzes.

Allerdings ist ausgerechnet Platon, der erste groß überlieferte Schreibende unter den Philosophen, für seine vehemente Schriftkritik berüchtigt. Texte, so sagt er immer wieder, sind Behälter eines leblosen Wissens. Alle schriftlich fixierten Einsichten sind nichts wert, wenn sie nicht unabhängig vom Text, sei es in der eigenen Überlegung, sei es im Austausch mit anderen, begründet werden können. Nur die Gedanken, die wir mit den eigenen Worten fassen können, sind wirklich erfasst. Nur den Argumenten, die wir in den Haushalt unserer Überzeugungen einordnen und gegenüber den Einwänden anderer beglaubigen können, kommt die Verbindlichkeit wirklicher Gründe zu. Nur eine Philosophie, die nicht allein irgendwo niedergelegt ist, sondern von Situation zu Situation unterschiedlich wachgerufen werden kann, hat ihren Namen verdient.

Das ist alles richtig. Aber jemand, der die Philosophie mit Kunst und Leidenschaft betreibt, ob als »Denker von Gewerbe«, wie es bei Kant heißt, oder einfach als freischaffender Geist: so jemand wird nur, wer das eigene Denken schreibend zum Leben erweckt und am Leben erhält. Philosophie muss geschrieben werden. Anders kann sie keinen Reichtum an Unterscheidungen und Gedanken bilden. Anders fehlt ihr die Energie, immer wieder von vorn zu beginnen. Anders findet sie nicht die Kraft, einen weiten Bogen zu spannen. Anders gewinnt sie nicht Raum genug, um ihren einzelnen Gedanken Resonanz zu verschaffen. Die Verfügbarkeit von Texten ist darum nicht allein, wie Platon meint, ein brauchbares Erinnerungsmittel für alle, die aus eigener Berufung philosophieren. Die Herstellung von Texten ist vielmehr ein unverzichtbares Medium der Entwicklung und Ausgestaltung ihres Denkens. Erst mit der Arbeit – und der Lust an der Arbeit – am Text entsteht die Fähigkeit einer von der Fesselung an Texte freien Reflexion.

Das gilt auch für die Leser. Die schriftliche Form gewährt ihnen eine Freiheit des Denkens, die ihnen das Gespräch alleine nicht bieten kann. Sie sind mit der Komposition der Gedanken eines anderen allein (und somit doch nicht ganz allein). Sie nehmen etwas von anderer Seite auf, aber es redet ihnen keiner dazwischen, der es besser zu wissen glaubt. Anders, aber doch wieder ähnlich, ergeht es den Schreibenden. Im Schreiben sind sie mit ihrem sich formenden Denken alleine. Philosophisch schreiben heißt, mit dem eigenen Denken allein – also erneut: nicht wirklich allein – zu sein. »Confusion too is company up to a point«, schreibt Samuel Beckett in seiner Erzählung *Company*.

Den einsamen wie den gemeinsamen, den rezeptiven wie den produktiven Tätigkeiten des Philosophierens ist außerdem gemeinsam, dass sie nur als Improvisationen auf vergangenes Gelingen gelingen können. Das ist nichts weiter Besonderes; es kennzeichnet jedes über ein rein instrumentelles Operieren hinausgehende Handeln. Was wir machen, wenn wir es gut machen, sind Improvisationen. Ein Schema haben und beherrschen, das ausgedehnt und endlich durchbrochen werden kann, ist der Witz von allem, das einen Witz hat. Dem Satz, der Sache, dem Leben einen Dreh geben – ohne diesen Schwindel wäre alles ein Schwindel.

Das Handwerk der Philosophie ist eine fragile Form jener noch viel fragileren (manche werden sagen: jener noch viel vergeblicheren) Kunst, die Cesare Pavese – in der Überschrift seines Tagebuchs – *Das Handwerk des Lebens* genannt hat. Dieses Handwerk ist nun überhaupt nicht zu können, aber eben weil das so ist, braucht es Philosophie. Sie ist eine Erkundung dessen, wie wir uns in unserem Leben gegeben sind: mit unserem Können und unseren Künsten, in unserem Fühlen und Wissen, mit unseren Ordnungen und Institutionen. Sie ist ein begriffliches Experiment mit der Reichweite der Verständnisse, die uns in unserem Tun und Lassen leiten. Sie artikuliert und expliziert Verständnisse, ohne die es (für uns oder alle, jetzt oder immer, außerhalb und innerhalb der Wissenschaft) nicht – oder nicht gut – geht.

Die Philosophie betreibt diese Exkursion durch das Zusammenstellen von Sätzen, die eine zutreffende Auskunft über die Verzichtbarkeit und Unverzichtbarkeit menschlicher Orientierungen, sei es formulieren, sei es nahelegen wollen. Sie versucht, wahre Gedanken über unser Verhältnis zu unseren Verhältnissen zu gewinnen. Freilich ist das Wörtchen »wahr« in unseren Tagen nicht gerade ein populäres Prädikat für die Prämierung philosophischer Aussagen – »one of the few four letter words which is not as ›in‹ as it used to be«, wie Wilfrid Sellars 1969 über das Verb »to know« bemerkte. Aber es hilft nichts. Zu Einsichten gelangt die Philosophie nur dann, wenn sie zu wahren und aufschlussreichen Ansichten darüber findet, wie wir uns verstehen müssen, verstehen können oder verstehen sollen. Wie aber können wir das wissen – ob ein solcher Gedanke aufschlussreich und überdies wahr ist? Nun, allein dadurch, dass wir die reflexiv gewonnenen Verständnisse ihrerseits auf die Probe stellen. Wir testen ihre Reichweite und ihren Fokus, entfalten ihre Implikationen, verfolgen ihre Konsequenzen. Das bedeutet natürlich, dass wir niemals sicher sein können, mit einem einzelnen (oder auch einem Netz von) Gedanken im Besitz der Wahrheit zu sein. Dies aber zu wissen – dass es keinen sicheren Besitz aufschlussreicher Wahrheiten gibt –: das *ist* die Orientierung an Wahrheit.

Wir stellen beispielsweise fest, dass wir nicht anders können, als uns in unserem Handeln als Personen zu verstehen, die so frei sind, dieses oder jenes zu tun. Diese Freiheit, so nehmen wir an, ist in der Fähigkeit verankert, uns davon leiten zu lassen, was für oder gegen eine bestimmte Art des Handelns spricht – in der Fähigkeit also, uns in unserem Handeln von Gründen bewegen zu lassen. Wenn wir so überlegen, müssen wir annehmen, dass dies eine Wahrheit über uns ist (andernfalls wäre es keine ernsthafte Überlegung). Wenn diese Überlegung richtig ist, so folgt allerlei Weiteres, zum Beispiel, dass wir *als Handelnde* tatsächlich frei sind – was immer die neuere und neueste Gehirnforschung dazu bemerken möge, die große Verdienste hat, nicht aber das, den Menschen in seinem *Selbstverständnis* als Handelnder zu beschreiben. Freilich könnte dieses Selbstverständnis auch eine Illusion darstellen, die der Mensch für die Bewältigung seiner Lebensaufgaben nun einmal nötig hat. Was aber wäre das für eine Illusion, zu der eine Alternative nicht einmal denkbar wäre? Und wäre sie nicht konstitutiv auch für das Handlungsfeld derjenigen menschlichen Wissenschaft, die für sich in Anspruch nimmt, *sie* sei befähigt, die Illusionen unseres Tuns und Lassens zu durchschauen?

Einsichten auf diesen und anderen intellektuellen Minenfeldern kommen Denkerinnen und Denkern nicht allein kraft geistiger Gaben und fleißiger Lektüren zu; sie müssen erschrieben werden. Es gibt in der Philosophie keine durchschlagende These, die rein für sich selbst sprechen könnte. Nur die in einem Widerspiel von Argumenten und Gegenargumenten, Exemplifikationen und Variationen sich vollziehende *Durchführung* verleiht einer beliebigen These, mag sie schon tausendmal oder noch niemals ausgesprochen worden sein, die Gestalt eines originären Gedankens. Dieser ist nicht der Ursprung, er ist das Ergebnis der philosophischen Produktion. Seine Ausführung liegt in dem Text, der ihn enthält. Das heißt nicht, dass philosophische Einsichten so wie die Sätze der Literatur an den Ort und den Wortlaut ihres Entstehens gebunden wären; es bedeutet nur, dass sie für Autor und Leser an den *Rückhalt* eines Textes gebunden sind. Erst recht heißt es nicht, dass philosophische Texte nur aus Texten gemacht wären, wie es ein besonders albernes Vorurteil der jüngeren Vergangenheit will. Philosophie ist nichts für Wiederkäuer. Sie ist Erzeugung auch dort, wo es ihr um eine Aktualisierung hergebrachter Einsichten geht. Die klassischen Werke sind ihr nicht in erster Linie zur Auslegung, sondern zur Anregung des je eigenen Denkens gegeben – wozu es freilich einer immer wieder neuen Aneignung bedarf.

Vor übertriebener Selbstauslegung und Selbstdarlegung ist allerdings zu warnen. Je bekannter ein Autor ist, desto mehr nimmt er sich die Freiheit, noch einmal alles das zu erläutern, was er andernorts schon dargelegt hat. Die Soße eines glücklich durchgesetzten Ansatzes wird über jede denkbare Portion gegossen, ohne überhaupt einen Sinn für ihren Eigengeschmack zu entwickeln. Wie muss sich der Autor beim Schreiben gelangweilt haben!, seufzt der mitfühlende Leser. Solches Mitleid ist keinem zu wünschen.

Aus wenig mach' viel: Das Gesetz des epischen Schreibens liegt in der Philosophie mit dem umgekehrten der lyrischen Produktion im Widerstreit: Aus viel mach' wenig.

»Any philosophy that can be put in a nutshell belongs in one«, hat Hilary Putnam einmal boshaft gesagt. Schon wahr. Aber eine Philosophie, die sich nicht auch auf kleinstem Raum zurechtfinden kann, ist alle großen Kisten nicht wert.

Es gibt Texte, die sind Behälter für das, was Autor und Leser schon wissen und solche, die Partituren für eine denkende oder sprechende oder lesende Darbietung sind. »Was der Leser auch kann, das überlaß' dem Leser«, heißt es dazu bei Wittgenstein.

Da ist es wieder, das ominöse »kann« – diesmal gepaart mit einem wunderbar arroganten »auch«. Dieses Können aber ist keine Sache der bloßen Klugheit. An anderer Stelle bemerkt Wittgenstein, in der Philosophie komme es darauf an, zur richtigen Zeit sowohl intelligent als auch unintelligent genug zu sein. Zu intelligent wäre beispielsweise einer, der für jedes Problem eine Lösung fände, ohne sich fragen zu können, ob es denn eine Lösung verdient – ob also nicht möglicherweise in der vermeintlichen Lösung der Irrtum liegt. Zum philosophischen Handwerk ist neben einem gewissen Scharfsinn ein Gemisch aus Gespür, Imagination und Sturheit erforderlich. »Vom Genie hatte er mindestens die wichtigsten Bestandteile: die Naivität, die Unbeirrbarkeit und den langen Atem«, schrieb Arnold Gehlen über Piet Mondrian (den er ansonsten nicht besonders mochte).

Es gab einmal einen Jazztrompeter, der jedes Solo von Dizzy Gillespie perfekt nachspielen konnte, ohne selber jene *dizziness* hervorbringen zu können, die in der noch so akrobatischen Wiederholung unweigerlich verloren gehen musste. Als Musiker fehlte ihm das, was Platon im *Phaidros* die *mania* des Philosophierens nennt: jenes Element der Verrücktheit, das den Freiraum gibt, nicht alles, aber doch jedes an eine andere Stelle zu rücken.

Solche Besessenheit braucht eine Welt als Nahrung. Im Turm allein wird keine Philosophie gemacht. Die guten Philosophen sind allesamt Empiristen: ihr Denken, wie es auch ausfällt, ist von einem Hören und Sehen beseelt, was man ihren Schriften ansehen und anhören kann.

Philosophieren, ob im Reden, Schreiben oder Lesen, ist in erster Linie ein Tun und erst in zweiter Linie eine Tat. Das ist beim normalen Handwerk anders. Findet dieses Erfüllung in seinen Leistungen, findet jenes seine Erfüllung in ihm selbst – im Vollzug der aufeinander bezogenen Praktiken des Redens, Schreibens und Lesens. Die Produkte sind nebensächlich. Aber sie sind notwendig, um alle diese Praktiken aufeinander zu beziehen und bezogen zu halten. Texte sind der Ausgangs- und Zielpunkt, aber dennoch nicht das A und O des philosophischen Tuns. Dieses liegt im Weiterleben – im Wachhalten und Abwandeln – der Einsichten, die dort niedergelegt und angelegt sind. Es liegt in der Bewegung der Wahrheit darüber, wie wir in und zu unseren Möglichkeiten stehen – einer Bewegung zu Wahrheiten, die sich zu keiner einen und einigenden Wahrheit runden, weil der Horizont dieser Möglichkeiten aus keiner ihrer Mitten heraus überschaubar ist.

Deswegen ist in der Philosophie auf Systeme kein Verlass. Jede – und sei es nur der Idee nach – geschlossene Explikation des menschenmöglichen Selbstverständnisses geht an der Ungeschlossenheit der menschlichen Verhältnisse und Verständnisse vorbei. Einer systematischen Behandlung von Aspekten des In-der-Welt-Seins aber tut dies keinerlei Abbruch. Auch die Interdependenz vieler philosophischer Grundbegriffe, die dabei unweigerlich sichtbar wird, enthält von sich aus keinen Zwang zum System. Sie führt lediglich vor Augen, dass man, wie Wittgenstein sagt, die Philosophie jederzeit abbrechen und – wie man hinzufügen sollte – jederzeit und überall anfangen kann. Die Fenster und Türen der philosophischen Gebäude offen zu halten – Platons Dialogkunst ist darin bis heute unübertroffen. Das ist der technische, man könnte erneut sagen: der handwerkliche Grund für die Bemerkung von Sellars, »that Plato wrong is usually closer to the truth than other philosophers right«.

Andere hingegen meinen, auf gutem Weg zu einer vollständigen Theorie zu sein. »Wann immer Vollständigkeitserwartungen im Spiel sind«, schreibt ein gegenwärtiger Philosoph am Beginn eines großen Buches, um sich sogleich mit einer Parenthese zu unterbrechen: »– und sie sind im Spiel, wann immer *konsequent* gedacht werden soll –«. Auch Kant glaubte, die menschliche Vernunft sei in ihrem Erkennen auf Komplettierung wenigstens ausgerichtet. Aber was soll diese Ausrichtung bedeuten, wo doch allein die Verschiedenheit und Veränderlichkeit der Sprachen eine immer neue Aneignung der Überlieferung notwendig macht? Was soll sie bedeuten angesichts des Bewusstseins, dass sich geschichtlich lebende Kulturen immer wieder vor neue Fragen gestellt sehen (man denke nur an die Frage der Machbarkeit der eigenen Natur)? Was soll die Ambition der Vollständigkeit bedeuten angesichts der Tatsache, dass sich das Interesse der Selbstaufklärung historisch verlagern kann? Was soll sie bedeuten angesichts der Erfahrung, dass uns mit jeder neuen Bestimmung ein zugleich neuer Bezirk des Unbestimmten zuwächst, der erst im Licht dieser Bestimmung als vorerst oder für immer undurchdringlich erscheint? Für endliche Wesen gibt es kein Ende ihrer Bestimmung. Sie müssen und können ihre Orientierungen – und ebenso ihre Orientierung über ihre tragenden Orientierungen – fortwährend erneuern. Da jede solche Erneuerung zugleich eine Veränderung bedeutet und menschliche Orientierungen in einer Mehrzahl gegeben sind, kann es nie zu einem Abschluss, sondern nur zu einem weiteren Anfang kommen. Aber was heißt hier »nur«? Wer wollte denn zu Lebzeiten ernsthaft zu einem Abschluss kommen? Wer wollte sich – innerhalb und erst recht außerhalb der Philosophie – die Lust des Anfangen-Könnens nehmen lassen? Wer wollte sich – innerhalb der Philosophie, aber warum nicht auch außerhalb? – die Möglichkeit nehmen lassen, widerlegt oder sonstwie überrascht zu werden? Die Vorzüge der Endlichkeit sind nicht durchweg zu verachten. Denn aus ihnen entspringen unendliche, das heißt nicht erschöpfbare Möglichkeiten. »Wo immer Vollständigkeitserwartungen im Spiele sind …« – aber sie sind *aus* dem Spiel, wann immer konsequent gedacht wird.

Ein anderer heutiger Philosoph ist sich sicher, durch die Art seines Denkens, im Unterschied zur Tradition, »jegliche Spielart von Dogmatismus systematisch ausgeschlossen« zu haben. Das wäre natürlich schön. Nur kann es nicht wahr sein. Denn mit jedem Versuch einer systematischen Explikation ist zumindest die Gefahr einer dogmatischen Festlegung verbunden: die Gefahr eines Fixiertseins auf Sichten und Ansichten, mit denen gleichberechtigte oder widerstreitende Aspekte eines Phänomens übergangen werden. Dagegen gibt es keine *inhaltliche* Versicherung; es gibt keine philosophische Position, von der aus eine Versteifung auf ihre eigene Position zu verhindern wäre. Ob es zu einer dogmatischen Verhärtung kommt, hängt vielmehr hier wie überall von den Leuten ab, die diese oder jene Position vertreten; es hängt von ihrem Umgang mit ihren Überzeugungen ab. Wer sich hier auf der sicheren Seite glaubt, ist es mit Sicherheit nicht.

Es gibt viele Kriterien, an denen philosophische Werke sich messen lassen können. Eines ist dieses: Erreichen sie das Niveau, auf dem Literatur und Kunst die behandelten Probleme ausgestellt haben? Lässt ihre Behandlung einen Widerhall der Komplexität erkennen, mit der die

Künste das Drama der menschlichen Welt orchestrieren? Eine Philosophie, die auf diesem Ohr taub wäre, wäre für ihre Gegenstände blind.

Philip Roths Roman *I Married a Communist*, in dem es von einander widersprechenden Dozenten wimmelt, die den wendigen Jesuiten und Teufeln bei Thomas Mann mühelos das Wasser reichen können, enthält auch ein Kolleg über Politik und Literatur.»›Politik ist Verallgemeinern‹, erklärte mir Leo, ›Literatur ist Differenzieren, und die beiden stehen zueinander nicht nur in einem reziproken Verhältnis – sondern in einem *feindlichen* Verhältnis. Für die Politik ist die Literatur dekadent, schlaff, unerheblich, langweilig, verdorben, fade, etwas, das weder Hand noch Fuß hat und das es eigentlich nicht zu geben braucht. Warum? Weil der Wunsch nach Differenzierung schon Literatur *ist*. Wie kann man Künstler sein und Nuancen außer Acht lassen? Wie kann man Politiker sein und Nuancen *beachten*? Der Künstler sieht die Nuance als seine Aufgabe. Die Aufgabe besteht darin, *nicht* zu vereinfachen. Auch wenn man sich dazu entschließt, so einfach wie möglich zu schreiben, etwa wie Hemingway, bleibt die Aufgabe, die Nuancen herauszuarbeiten, das Komplizierte aufzuhellen, die Widersprüche darzustellen. Und nicht, die Widersprüche wegzuwischen, die Widersprüche zu leugnen, sondern zu forschen, wo innerhalb der Widersprüche der gepeinigte Mensch zu finden ist. Man muß das Chaos mit einkalkulieren, man muß es zulassen. Man *muß* es zulassen. Sonst produziert man Propaganda, wenn nicht für eine politische Partei, eine politische Bewegung, dann stumpfsinnige Propaganda für das Leben selbst – für das Leben, wie es sich selbst gern in der Öffentlichkeit dargestellt sehen möchte.‹«

Und die Philosophie? Ist sie, da sie selber im Medium des Begriffs und also des Allgemeinen operiert, dazu verdammt, Propaganda für ein gleichgeschaltetes Leben zu machen? Nein; man sehe nur auf die von Roth inszenierte Reflexion. Dass sie sich der Vereinfachungen enthielte, wird man nicht sagen können. Aber ebensowenig, dass sie die Nuance verschmäht. *So* zu verallgemeinern, dass der Sinn für die Nuance erhalten, mehr noch: dass er geweckt und wenn es sein muss wiederbelebt wird: das sind Tugenden, denen die Theorie ihr Daseinsrecht verdankt. Sie verwirkt es, wenn sie in einer Sprache daherkommt, die den aufschließenden Zweck ihrer Begriffe vergisst und schlimmer noch: auf Seiten der Leser vergessen macht.

Im selben Roman verzweifelt ein anderer Dozent an der Möglichkeit einer konsistenten – nein, nicht Moraltheorie, sondern *Moral.* »Man vermeidet Verrat auf der einen Seite und begeht Verrat auf der anderen. Weil das System nicht statisch ist. Weil es lebendig ist. Weil alles Lebendige in Bewegung ist. Weil Reinheit Versteinerung bedeutet. Weil Reinheit eine Lüge ist. Weil man, falls man kein Ausbund an Askese ist, wie Johnny O'Day oder Jesus Christus, ständig von fünfhundert Dingen herumgestoßen wird. Weil man ohne die Eisenstange der Tugendhaftigkeit, mit der die Grants sich zum Erfolg hochgeprügelt haben, ohne die große Lüge der Tugendhaftigkeit, die einem sagt, warum man tut, immer wieder vor der Frage steht: ›Warum *tue* ich, was ich tue?‹ Und man sich ohne Antwort ertragen muß.«

Es gehört zur Moral auch der Philosophie – als eines Berufs, eines Handwerks – hiermit leben zu müssen: viele Antworten zu haben, aber doch ohne abschließende Antwort zu bleiben – und sich darin ertragen zu müssen. Das ist hier etwas leichter als dort, wo wir nicht darum herumkommen, andere und uns selbst zu verletzen; schwer genug ist es gleichwohl. »Von fünfhundert Dingen herumgestoßen« werden wir im Verstehen unseres Verstehens allemal. Anders als im Bewusstsein ihres offenen Endes aber ist ein lebendiges Philosophieren nicht zu haben – auch da, wo es im Satz oder Aufsatz und schließlich zwischen Buchdeckeln ein scheinbares Ende hat.

1. Eine Ästhetik der Tugend

»Der gute Mensch hat eine schöne, der schlechte Mensch hat eine hässliche Seele.« Wollte man eine Liste der verstaubtesten philosophischen Gedanken aufstellen, dieser hätte gute Aussichten auf einen der vorderen Plätze. Hegels Polemik und Goethes Ironie gegen die praktische Ohnmacht der schönen Seele haben selbst die im Ohr, die weder die *Phänomenologie des Geistes* noch *Wilhelm Meisters Lehrjahre* gelesen haben. Je antiquierter aber eine Auffassung, desto größer der Reiz, es wieder einmal mit ihr zu versuchen. Nicht umsonst sind Philosophen Experten im Entstauben verstaubter Ideen. Im Fall unseres auf Platon und Plotin zurückgehenden Satzes ist es der in den USA lehrende britische Philosoph Colin McGinn, der einen neuen Anlauf genommen hat.

McGinns Apologie der *Beauty of Soul* ist nur ein weiterer – und bei weitem der radikalste – unter den vielen neueren Versuchen, die Position der antiken Ethik für die Gegenwart zurückzugewinnen. Die moderne Ethik hatte angenommen, dass eine unauflösliche Spannung zwischen einem guten und einem moralisch guten Leben besteht. Im Rückgang auf das antike Denken wollen dagegen manche heutige Autoren zeigen, dass kein echter Widerstreit zwischen moralischen und anderen Orientierungen besteht. Käme McGinn mit seiner These durch, dürfte sich diese Partei bestärkt fühlen. Es wäre nämlich bewiesen, dass es sich für alle lohnt, gut zu sein: einfach deshalb, weil es das eigene Leben schöner macht.

McGinn stellt einen engen Zusammenhang zwischen moralischen und ästhetischen Bewertungen her. Wir können nicht umhin, eine gute moralische Handlung als Ausdruck einer harmonischen und darum schönen Seele zu verstehen. Wir können nicht umhin, die ästhetische

Wahrnehmung als eine rücksichtsvolle und leidenschaftliche Anteilnahme an den Dingen des Lebens zu verstehen. Folglich ist jedes richtige menschliche Verhalten ein Schritt in eine harmonische, nach den insgeheim moralischen Gesetzen der Kunst geordnete Welt.

So gewagt diese Konstruktion ist, sie enthält ein Körnchen Plausibilität. Tatsächlich wird die moralische Qualität von Personen und ihren Verhaltensweisen nicht selten im Gebrauch ästhetischer Prädikate beurteilt. Wir sagen von jemandem, er habe sich bei einer Trauerfeier »scheußlich verhalten« oder er habe das »wirklich schön« gemacht. Ein Urteil über ein ästhetisches Objekt namens »Seele« jedoch ist dabei nicht im Spiel. Die Seele ist nun einmal kein Objekt der Anschauung, sondern ein Zusammenhang von Kompetenzen und Reaktionen einer Person. Über diesen *Charakter* eines Menschen sagen wir etwas aus, wenn wir sein Verhalten zugleich moralisch und ästhetisch beurteilen. Es geht dann nicht nur um die Richtigkeit einzelner Handlungen, sondern darum, wie es sich im Verhalten einer Person *zeigt*, was für einer oder eine sie ist.

Für die von McGinn angestrebte »Ästhetische Theorie der Tugend« jedoch reicht dies nicht aus. Es ist keineswegs der Fall, dass moralische Bewertungen immer von gleichartigen ästhetischen Bewertungen begleitet werden (und umgekehrt). Genauso wenig leuchtet es ein, dass sich diese Bewertungen stets auf die »Harmonie« oder »Disharmonie« menschlicher Charaktere beziehen. Dubios ist auch das Harmonie-Ideal, das angeblich hinter allen ästhetischen und moralischen Bewertungen steht. McGinn beruft sich auf die Figur des Dorian Gray aus Oscar Wildes Erzählung und des Humbert Humbert aus Nabokovs *Lolita*. Beide sollen verdeutlichen, dass zu einem schlechten Menschen eine hässliche Seele gehört. So sehr man bezweifeln kann, ob Nabokovs bedauernswerter Held wirklich ein »Monster« ist – es fragt sich, ob nicht auch jemand mit einer »schönen Seele« ein Monster sein kann. In seinem Roman *A quiet American* hat Graham Greene einen solchen Helden gestaltet. In Saigon zur Zeit des französischen Engagements in Vietnam beteiligt er sich in der besten Absicht, den Krieg zu beenden, an einer terroristischen Aktion, bei der am helllichten Tag Frauen und Kinder zerfetzt werden. Er begeht ein Verbrechen, weil er auf unmoralische Weise mit sich im Reinen ist.

Innere Harmonie, so legt dieses Exempel nahe, ist nicht die oberste Tugend. Zur moralischen Sensibilität gehört es vielmehr, *nicht* jederzeit mit sich einig zu sein. Ein Fall dieser tugendhaften Disharmonie ist die Differenz zwischen ästhetischen und moralischen Bewertungen. Nur wenn die entsprechenden Reaktionen nicht immer synchron ausfallen, ist ein weltoffenes Verhalten möglich. Eine ästhetische Anschauung kann wahrnehmen, was dem moralischen Reflex entgeht. Eine moralische Einstellung kann respektieren, was die ästhetische Reaktion verachtet. Welche Einschätzung die richtige ist – das muss sich von Fall zu Fall zeigen. Eine Gleichschaltung der ästhetischen und moralischen Wahrnehmung jedenfalls würde unsere Fähigkeit zur ethischen Selbstkorrektur schwächen. Gerade ihr möglicher Widerstreit macht ein unverzerrtes moralisches Bewusstsein aus. Das politische System der DDR, sagte Jurek Becker einmal, war unfähig, den Menschen »in seinem Widerspruch« zu akzeptieren. Manches Moralsystem muss sich dasselbe nachsagen lassen.

Colin McGinn,
Ethics, Evil and Fiction, Oxford 1997

2. Körper und Ideen

Ein Jahr, nachdem die allenthalben wegen ihrer Un-
sinnlichkeit getadelte oder auch gepriesene *documenta X*
im September 1997 geschlossen hatte, öffnete im Ham-
burger Bahnhof in Berlin eine Ausstellung ihre Pforten,
die allenthalben ihrer Sinnlichkeit wegen gepriesen oder
auch getadelt wurde. Die dort unter dem programmatischen Titel *Sensation* präsentierten Werke junger britischer
Künstler aus der Sammlung Saatchi riefen nach den Kas-
seler Strapazen ein weithin hörbares Aufatmen hervor.
Der Eindruck konnte entstehen, als sei die gegenwärtige
Kunst von einem Schisma geprägt. Hier eine wilde, drastische und derbe, dort eine asketische, intellektuelle und
moralische Kunst. Hier eine Kunst des Körpers, dort eine
Kunst der Ideen.

Aber dieser Anschein trügt. Keine gelungene künstlerische Operation hat je mit der Trennung von Körper
und Geist paktiert. Warum das so ist, hat niemand klarer
gesagt als Paul Valéry in seinem Dialog *Eupalinos oder der
Architekt* aus dem Jahr 1923. Spricht man über die großen Ästhetiken dieses Jahrhunderts, kommen einem deutschen Publikum wohl zuerst die um 1935 entstandenen
Kunstwerk-Aufsätze von Benjamin und Heidegger und
die 1970 posthum erschienene *Ästhetische Theorie* Adornos in den Sinn. Mit diesen imposanten Werken kann es
Valérys leichtfüßiger Dialog mühelos aufnehmen. Trotz
seiner platonischen Form formuliert er eine strikt anti-
platonische Lehre, die zudem das Gütesiegel »frei von
allen Schopenhauer-Zusätzen« für sich beanspruchen
darf. Die Macht der Kunst, sagt Valéry, liegt nicht in einer Hinwendung zu körperlosen Ideen, sondern in einer
Hervorbringung unwahrscheinlicher Erscheinungen.

Phaidros und Sokrates treffen sich im Hades, um ausgehend von dem Beispiel des fiktiven Architekten Eupalinos über die Verwandtschaft von Baukunst und Musik, von Musik und Dichtung, von Malerei und Tanz zu reden. Von der Last ihres Leibes befreit, müssten sie eigentlich in der optimalen Position für die Anschauung des Schönen sein. Hatte doch Platon in seinem Dialog *Phaidros* behauptet, die Menschen seien in ihren Leib »eingekerkert wie ein Schaltier« und könnten daher ihr höchstes Verlangen nicht wirklich erfüllen. Was für eine Enttäuschung aber für die nunmehr reinen Seelen! Sehnsüchtig vermisst Valérys Phaidros die »vergänglichen Himmel«, die den Sinnen eine immer neue Erscheinung anzubieten wussten. »Nun, da wir des Körpers beraubt sind«, sinniert der französische Sokrates, »müssen wir uns offenbar beklagen und jenes Leben, das wir verlassen haben, mit demselben neidischen Aug betrachten, mit dem wir früher hinübersahen nach dem Garten der seligen Schatten.« Phaidros zieht die bittere Konsequenz: »Diese Anlagen sind voll von unseligen Ewigen.«

Bedauernswert sind diese Unsterblichen, weil ihnen mit dem hinfälligen Leib auch der Sinn für das Einmalige genommen ist. Nur die, deren Lebenszeit vergeht, sind für die Zäsur eines unfasslichen Erscheinens offen. Nur wer ein leiblich beschränktes Dasein hat, kann die eigene Gegenwart als eine Fülle unabsehbarer Möglichkeiten erfahren. Nur er kann immer neue Zeiträume einer ekstatischen Wahrnehmung erfinden. Eben dies ist die Aufgabe des Künstlers. Er stellt einen »Zusammenhang von Erscheinungen, Übergängen, Widersprüchen und unbeschreiblichen Ereignissen« her. Er lässt einen buchstäblichen oder metaphorischen Raum entstehen, dessen Konstruktion sich nur denen erschließt, die sich mit wachen Sinnen von ihm einnehmen lassen. Nur für einen resonierenden Körper sind die ästhetischen Ideen da.

Valérys Überlegungen sind geeignet, Zweifel an dem Glauben zu nähren, die Geschichte der neueren Kunst habe sich »von der Erscheinung zur Konzeption« bewegt – und sei jetzt dabei, oder solle sich endlich daran machen, wieder den umgekehrten Weg zu gehen. Nicht einmal auf Duchamp, der sie provoziert hat, trifft diese Formel zu. Ohne das irritierende *Gesicht* seiner Objekte ginge keinerlei Irritation von ihnen aus. Aber auch mit einer blanken Sinnlichkeit ist es nicht getan. Die zersägten Tierkörper, die Damien Hirst in der *Sensation*-Ausstellung feilbietet, sind so fade wie nur je ein blutloses Werk der Kunst. Weit überlegen sind ihnen die grausam schönen Körperlandschaftsbilder der Jenny Saville, die eine Theorie des Fleisches entwerfen, an die kein Gedanke heranreicht. Über den Maler sagt Valéry: »Er kann die Farbe nicht trennen von irgendeinem Wesen.« Das Sein des Kunstwerks bleibt an das Kalkül seines Erscheinens gebunden.

Paul Valéry, *Eupalinos oder Der Architekt*,
übers. v. R. M. Rilke, Frankfurt/M. 1995

3. Ist die Sprache ein Medium?

Der philosophische Ruf der Sprache ist seit jeher schwankend. Sie wurde als ein Spiegel gesehen, der die äußere Welt getreulich wiedergibt, aber auch als ein blinder Spiegel, der dem Geist die Sicht auf die Dinge verstellt. Seit Nietzsches Tagen kursiert eine dritte Version. Ihr zufolge ist die Sprache ein Zerrspiegel, der als Wirklichkeit nur das erkennbar macht, was ihre Benutzer »etwas angeht«. So erscheint die Sprache mal als ein transparentes, mal als ein intransparentes, mal als ein indifferentes Medium, das recht oder schlecht – oder jenseits von Recht und Schlecht – zwischen Geist und Welt operiert.

In einem neueren Artikel, der viele Motive seines Denkens noch einmal Revue passieren lässt, verwirft der amerikanische Philosoph Donald Davidson alle diese Varianten. Unter der Überschrift *Seeing Through Language* nimmt er eine Dekonstruktion seiner Titelmetapher vor. Hier der Geist, dort die Welt, dazwischen das Augenglas der Sprache: Dieses Bild führt in die Irre. Es suggeriert, dass Geist und Welt getrennte Sphären sind, die durch ein Drittes in Verbindung gebracht werden müssen. Geist aber, der nicht von der Welt und Welt, die nicht erkennend zugänglich wäre, sind leere Begriffe. Um der Vorstellung einer getreuen oder ungetreuen Abbildung einer außerhalb unserer Reichweite gegebenen Welt zu entkommen, empfiehlt Davidson einen Vergleich mit den Sinnen. Wir sehen nicht durch die Augen, sondern mit ihnen. Wir hören nicht durch die Ohren, sondern mit ihnen. Entsprechend ist auch die Sprache nichts, was zwischen uns und der Welt stünde. Sie ist Teil von uns. Sie ist die Art, in der wir als erkennende Wesen Welt *haben*. Sie ist kein Fenster, kein Bildschirm, kein Mittleres und daher für Davidson kein Medium.

Natürlich kann man sagen, dass sich die Menschen *vermöge* ihrer Sinne und Sprache mit ihrer Umwelt auseinandersetzen. Aber wie die Sinne einen direkten Kontakt mit der Umgebung ermöglichen, so auch die Sprache. Auch sie ist ein »Organ« des Menschen. Jedoch ist sie mehr als ein sechster Sinn. Sie ist das Organ einer »propositionalen Wahrnehmung«, also einer gedanklichen Aufnahme von äußeren Zuständen und Geschehnissen. Sie erlaubt es nicht nur, in *Kontakt* mit der eigenen Umgebung zu stehen, sondern sich einen *Begriff* von den Dingen und Ereignissen der Welt zu machen. Sie macht es möglich, sich durch Meinungen und durch die Korrektur von Meinungen zu orientieren. In diesem von Sprache geleiteten Erkennen spielen die vitalen Interessen der Menschen stets eine wichtige Rolle. Aber darin liegt keine fundamentale Verfälschung, sondern vielmehr eine hilfreiche Bereitstellung von Hinsichten, unter denen sie ihre Aufmerksamkeit auf die Welt richten können.

Davidson nutzt diese Überlegungen, um in Auseinandersetzung mit der neuesten Forschung nach dem Verhältnis von Denken und Sprechen zu fragen. Was er dabei sagt, stimmt in der Sache mit der Antwort überein, die schon Herder in seiner 1770 verfassten Schrift *Über den Ursprung der Sprache* gegeben hatte. (Freilich nur in der Sache; stilistisch liegen Welten zwischen dem analytischen Understatement Davidsons und dem poetischen Overstatement Herders.) Sprache und Denken sind strikt interdependent. Sie entwickeln sich simultan. So sehr der Mensch angeborene Fähigkeiten hat, die ihm das Erlernen von Sprache ermöglichen – was ihm dabei von Natur aus mitgegeben ist, ist keine »Sprache des Denkens«. Die Annahme einer solchen Grammatik des Geistes hinter der verbalen Sprache hat wenig Sinn. Denn sie versetzt die Sprache erneut in die dubiose Rolle einer Mittlerin zwischen dem Geist und der Welt.

Doch Vorsicht – Davidson gebraucht den Begriff des

Mediums in einem sehr eingeschränkten Sinn. Daher treffen seine Argumente nicht jede Tradition, in der Sprache auf den Namen eines »Mediums« hört. In seinem Hauptwerk *Wahrheit und Methode* etwa bezeichnet Hans-Georg Gadamer die Sprache als das »universale Medium, in dem sich alles Verstehen vollzieht«. Auch hier tritt die Sprache nicht als ein *Instrument,* sondern als ein unverzichtbares *Element* des Denkens auf. Nur im Fluss der Sprache kann sich das Denken bewegen – darin stimmen beide Autoren trotz der divergierenden Wortwahl überein. Wie auch darin, dass vor dem sinnvollen Gebrauch irgendeines Neuen Mediums die Beherrschung der guten alten natürlichen Sprache steht.

Donald Davidson, »Seeing Through Language«,
in: John Preston (Hg.), *Thought and Language,*
Cambridge 1997

4. Viele Wirklichkeiten, eine Welt

»Unter dem Druck heutiger medialer Wirklichkeitskonstruktionen begreifen wir, das Wirklichkeit immer schon eine mediale Konstruktion war.« So resümieren die Herausgeber eines neuen Sammelbandes die von ihnen gebündelte Diskussion. Der gestern wie heute gängigen Vermutung, dass »die Medien« die Sicht auf die Wirklichkeit versperren, halten die Autoren des Bandes entgegen, dass sie den Blick dafür geöffnet haben, was Wirklichkeit eigentlich ist: Sie ist ein Erzeugnis älterer und neuerer Medien.

Im Fahrwasser dieser Entdeckung empfiehlt Gianni Vattimo der Philosophie, »der ›wirklichkeitsauflösenden‹ Strömung, die Nietzsche ausgemacht hat, bis in die letzte Konsequenz zu folgen.« Für das neuzeitliche Denken, ergänzt Sybille Krämer, »wird das Illusorische und das Fiktive zum Ingredienz des Realen selbst.« Die »Vervielfachung und Verfeinerung« der Medien, sagt Siegfried J. Schmidt, zwingt uns zu der Einsicht, »dass wir nicht in einer einzigen Realität leben, sondern in einer Fülle verschiedener Realitäten.« Je weiter die mediale Entwicklung fortschreitet, glaubt Derrick de Kerckhove, »desto mehr werden wir verstehen, dass Realität eine Funktion von Medien ist.« Unbestreitbar, meint Wolfgang Welsch, ist die aufklärerische Wirkung der Medien, »sofern sie uns den grundsätzlich konstruktivistischen Charakter von Wirklichkeit, die Interpretativität all unserer Wirklichkeitsauffassungen zu Bewusstsein bringt.«

Aber halten wir uns an den Leitsatz der Herausgeber. Wirklichkeit, das soll sich herausgestellt haben, war »immer schon eine mediale Konstruktion«. Für ungläubige Ohren klingt das erst einmal so erstaunlich, dass man eine Warnung des Oxforder Philosophen John Austin zitieren möchte. »Denken Sie nur an die Schwierigkeiten, die sich ergeben, wenn man das Wort ›Zeichen‹ unabsichtlich so erweitert, dass sich der Schluss anbietet, dass wir *Zeichen* von Käse sehen, wenn dieser vor unserer Nase steht.« Sicher, der Käse ist das Produkt eines Käsers oder einer Käsefabrik. Er ist ein Artefakt. Dies macht ihn aber nicht zur Konstruktion seiner Esser, so wenig ein Baum dadurch zu unserer Konstruktion wird, dass wir von ihm reden oder mit ihm kollidieren.

Die *Unterscheidung* zwischen Bäumen, Büschen, Käse und Käsesorten jedoch – das ist gewiss eine im Medium der Sprache geleistete Konstruktion. Nichts in der Natur zwingt uns, Bäume oder Büsche, Wellen oder Teilchen, Camembertsorten oder Damen namens Cambremer so zu unterscheiden, wie wir es tun. Und nur vermöge dieser Differenzen, wie sie in der Sprache oder in anderen Medien bereitgestellt werden, können wir etwas als wirklich erkennen. Insofern kann man tatsächlich sagen, dass jede *bestimmte Gestalt* des Wirklichen eine Konstruktion unseres Erkennens enthält. Aber dies trifft allein auf diese *Bestimmtheit* eines Wirklichen zu. Das so bestimmte *Wirkliche* hingegen ist kein Machwerk, sondern eben der Gegenstand unseres Erkennens. An ihm muss sich zeigen, ob die Bestimmung zutrifft oder nicht.

Ein plausibles Verständnis ergibt sich also nur, wenn nicht der Realität, sondern allein unserer *Auffassung* der Realität ein unvermeidlich konstruktiver Charakter zugeschrieben wird. Dies hat zur Folge, dass es auch mit der Pluralisierung des Wirklichen nicht ganz so weit her ist. Wie sehr die Menschen in verschiedenen historischen, kulturellen, sozialen oder intellektuellen »Welten« leben mögen, sie sind doch alle von einer Welt. Mit dieser einen Welt müssen sie zurande kommen, wenn sie in ihren verschiedenen Wirklichkeiten klarkommen wollen.

Wie aber ist diese eine Welt zu bestimmen? Nun – das kommt darauf an. Die Physik und die Geschichte, die

Geographie und die Literatur, die Biologie und die alltägliche Rede, sie geben alle ihr Bestes. Etwas Besseres als das Beste gibt es nicht. Es gibt nicht die Eine Wahre Beschreibung dessen, was ist, einfach weil es keine Eine Wahre Hinsicht gibt, unter der das, was ist, allein von Belang wäre. Aber *verständlich* sind diese unterschiedlichen Beschreibungen nur, weil ihre Gegenstände von Fall zu Fall über die Grenzen unterschiedlicher Sprechweisen hinweg identifiziert werden können. Das ist Beweis genug. Nur weil die Welt keine Konstruktion unserer Medien ist, können wir sie in vielen Aspekten erkennen.

Gianni Vattimo / Wolfgang Welsch (Hg.),
Medien – Welten – Wirklichkeiten, München 1998

5. Mysterien der Kontingenz

Das Erfreuliche an Sammelbänden ist, dass man in ihnen auf Beiträge stoßen kann, mit denen man nicht unbedingt rechnen durfte. In der Publikation zum Verhältnis von Medialität und Realität, über die ich in der 4. Kolumne berichtet habe, findet sich auch ein Essay von Hans Ulrich Gumbrecht über *Die Schönheit des Mannschaftssports*. Der hat zwar mit dem Generalthema des Bandes nur am Rand zu tun, dafür entwirft er eine vielversprechende Ästhetik des Sports. Das ist keine Bagatelle, denn schließlich zählt der professionell betriebene und medial inszenierte Sport mit der populären Musik und dem Kino (und dem Evergreen der Natur) zu den heute begehrtesten ästhetischen Objekten. Am Beispiel des American Football, dem die besondere Leidenschaft des nach Kalifornien ausgewanderten Gelehrten gilt, fragt Gumbrecht nach dem Grund der Faszination am Schauspiel des Sports.

Seine erste These ist negativ. Es sind keine Darstellungen, die wir im Stadion oder am Bildschirm verfolgen. Die sportlichen Handlungen sind keine Zeichen, die für etwas anderes stehen. Die Aufführung des Sports spielt sich nicht im Reich der Mimesis ab. Schon gar nicht sind es Allegorien, in die sich die Zuschauer versenken. Wäre Football ein Ausdruck titanischer Kämpfe oder kapitalistischer Expansionsbewegungen, wäre er nur für Berufsinterpreten interessant. Die normalen Betrachter aber sind nicht auf Deutungen aus, sie wollen etwas mitbekommen, das sich jeder Deutung entzieht. Natürlich lassen sich Geschichten und Mythen tausendfach an das sportliche Geschehen *anschließen*, aber nur, weil es kein narratives Geschehen *ist*.

Der Zuschauer im modernen Sport, das ist Gumbrechts positive These, nimmt an einer Produktion unwahrscheinlicher Ereignisse teil. Im Fall des American Football geschieht dies durch das sekundenschnelle Erzeugen und Zerstören von Spielzügen, mit denen die angreifende Mannschaft Raum zu gewinnen, die gegnerische jedoch ihren Raum zu verteidigen versucht. So kommt es zu der plötzlichen Entstehung einmaliger Formen aus körperlichen Bewegungen, die im nächsten Augenblick auf der Leere des Spielfelds wieder ausgelöscht sind. Das ausgefeilte Kalkül der wechselseitigen Spielstrategien bringt unkalkulierbare Handlungsfolgen hervor. In den geordneten Bahnen eines geregelten Wettkampfs erleben die Zuschauer eine permanente Vereitelung von Ordnung. Sie werden nicht eines höheren Sinns teilhaftig, sie berauschen sich an Mysterien der Kontingenz.

Die existentielle und kulturelle Bedeutung dieses Rituals freilich werden so noch nicht deutlich. Was sich in den Stadien und an den Bildschirmen ereignet, sagt Gumbrecht, ist eine »Produktion von Präsenz«. Eingeschüchtert durch die philosophische Kritik an der sogenannten »Präsenzmetaphysik« will er diese Gegenwart jedoch vorwiegend als ein räumliches Verhältnis verstanden wissen. Im Rhythmus von Aktion und Gegenaktion, Anspannung und Lethargie seien die Zuschauer dem Geschehen des Spiels besonders nahe, weil sie nicht zur Imagination von etwas anderem entführt würden. Mit räumlicher Nähe aber hat diese Involviertheit nichts zu tun. Das entscheidende Merkmal ist vielmehr ein zeitliches. Weil die sportliche Performance keinen über sich selbst hinausweisenden Sinn vermittelt, lenkt nichts von der Zeit ihrer Darbietung ab. Das erlaubt es den Zuschauern, eine kollektive Auszeit von den Kontinuitäten ihres Lebens zu nehmen – eine Auszeit, die sie nicht, wie diejenige der Kunst, über das Spiel ihres Lebens zu reflektieren zwingt. Trotzdem kriegen die Leute etwas für ihr Geld: die Gelegenheit zu einer – je nach Ergebnis – jubelnden oder verzweifelten Affirmation der Zufälligkeit ihres Lebens.

In jeder vernünftigen Stadt finden sich deshalb zahlreiche Hinweisschilder zum Ausgang aus dem Gehäuse des garantierten Sinns – jenem Ausgang, den der Held in Peter Weirs Film *The Truman Show* so mühsam suchen muss. Er liegt am Eingang zu den Stadien. Auch die überdachten unter ihnen sind für eine Feier der prinzipiellen Obdachlosigkeit des menschlichen Daseins da.

Hans Ulrich Gumbrecht, »Die Schönheit des
Mannschaftssports«, in: Gianni Vattimo/
Wolfgang Welsch (Hg.), *Medien – Welten –
Wirklichkeiten*, München 1998

6. Ökonomien des Glücks

»Jeder, der sein Leben nach seinem eigenen Gutdünken einrichten kann, sollte sich etwas zum Ziel eines guten Lebens setzen, sei es Ehre oder Ruhm oder Reichtum oder Bildung – ein Ziel, das er in allen seinen Handlungen im Auge behalten sollte. Denn das eigene Leben nicht auf ein solches Ziel hin auszurichten, wäre ein Zeichen großer Torheit.« So schrieb Aristoteles in seiner *Eudemischen Ethik*, und fast alle sind ihm gefolgt. Das menschliche Leben, so wurde gelehrt, kann nur im Einklang mit einer rationalen Ordnung dieses Lebens gelingen. Mögen auch die neueren Autoren statt von objektiven »Zielen« lieber von subjektiven »Präferenzen« sprechen, das Bild hat sich erhalten. »Glücklich«, so lesen wir in der 1971 erschienenen *Theorie der Gerechtigkeit* von John Rawls, ist ein Mensch, »wenn er in der (mehr oder weniger) erfolgreichen Ausführung eines vernünftigen Lebensplanes begriffen ist.« Existentielle Erfüllung wäre demnach eine Variante der Planerfüllung. Glücklich schätzen dürften sich alle, die umsichtig danach streben, was sie sich am innigsten wünschen – und wenigstens einen Teil davon kriegen.

Jedem aber, der ein bisschen Romane gelesen oder sonstwie über die ethischen Textbücher hinausgeblickt hat, fallen umgehend zwei Klassen von Gegenbeispielen ein: Katastrophen, die darin bestehen, dass einer genau das bekommt, was er wollte; Wendungen zum Glück, in denen einer zuteil wird, woran sie nicht einmal im Traum hätte denken mögen. Der amerikanische Philosoph Charles Larmore, der hierzulande mit einem Buch über *Strukturen moralischer Komplexität* bekannt geworden ist, hat diesen Einsprüchen gegen eine ethische Planwirtschaft in einer brillanten Abhandlung zum Recht verholfen. Das Ideal eines rational geordneten Lebens, so legt er dar, ist hoffnungslos einseitig. Denn auch die beste dieser Ordnungen darf nur vorbehaltlich umstürzender Erfahrungen in Kraft sein. Andernfalls mutiert sie zu einem Zwangssystem, das ihre Erfinder von den Reichtümern des Lebens abschneidet. Schließlich ist Glück nicht allein etwas, das wir selbst *leisten*, sondern ebenso sehr etwas, das uns auf unvorhersehbare Weise *geschieht*. Und es ist immer ein Kind der jeweiligen historischen und biografischen *Zeit* des Lebens. Deren vielfach zufällige Gelegenheiten können von keinen noch so klugen Vorsätzen vorweggenommen werden. Eine Philosophie der Lebensführung darf sich darum nicht blind machen gegenüber der Tatsache, dass unsere Pläne nicht allein zum Schlechten, sondern auch zum Guten über den Haufen geworfen werden können. »Wir sollten nicht überrascht sein, überrascht zu werden«, sagt Larmore lakonisch. Wer das beherzige, habe einen wichtigen Schritt von bloßer Klugheit zu weltoffener Weisheit getan.

Die Moral seiner Kritik fasst der Autor in einem wunderbaren Motto zusammen, das dem Band *Die Entflohene* aus Prousts *Auf der Suche nach der verlorenen Zeit* entnommen ist: »Im Austausch gegen das, was unsere Imagination uns erwarten lässt und das wir in vergeblicher Anstrengung zu entdecken versuchen, schenkt uns das Leben etwas, das unsere Imagination bei weitem übersteigt.« Endlich einmal eine Ethik, die das Reflexionsniveau der literarischen Texte erreicht, unter deren Schutz sie sich stellt!

In einem Punkt freilich wird Larmore der Raffinesse des proustschen Satzes nicht gerecht. Denn er neigt dazu, das Gute, das sich uns wider Erwarten offenbaren kann, objektivistisch zu deuten, als etwas, dass unserem Wünschen und Wollen vorausliegt. Das Gute aber, das nur darauf wartet, von uns entdeckt zu werden – das wäre nur eine weitere gegenüber den Kontingenzen des Lebens blinde Direktive. Proust hingegen sieht das zwischen Gelingen und Misslingen schwankende Leben von einem Rhythmus des Austauschs beherrscht. Wir tauschen unsere Sehnsüchte gegen unvorhersehbare Leiden und Freuden ein. In der von unseren Wünschen gefärbten *Begegnung* mit wechselnden Stationen ergibt sich die tatsächliche Farbe des Lebens. Nur in diesem gebrochenen Widerschein sind die Schattierungen des Guten da. Selbst wenn wir die Wahl hätten – wer wollte dieses Spiel der Kräfte stilllegen zugunsten einer krisenfesten Ordnung des Glücks?

Charles Larmore, »The Idea of a Life Plan«,
in: *Social Philosophy & Policy* 16/1999, S. 96–112

7. Die Resistenz des Radiergummis

Den vielen, die heute die Wirklichkeit für eine Konstruktion unserer Medien halten, stehen nicht wenige gegenüber, die ihr weiterhin eine autonome Verfassung zubilligen möchten. Natürlich bestreiten auch diese Realisten nicht, dass kulturelle Tatsachen Menschenwerk sind oder doch Menschenwerk enthalten. Aber diese kulturelle Welt, sagen sie, basiert auf einer natürlichen Welt, die nicht unser Erzeugnis sein kann, da sie all unser Erzeugen trägt. Im Bündnis mit dem gesunden Menschenverstand plädieren sie dafür, den harten Kern des Wirklichen als einen Naturprozess zu verstehen, wie er »sowieso«, »ohnehin« oder »an sich«, also unabhängig von den Zurechtlegungen unseres Erkennens, besteht.

Zu den Vertretern dieses Hardcore-Realismus gehört auch der amerikanische Philosoph John Searle. In einem Buch, das der sozialen und natürlichen Wirklichkeit gleichermaßen gewidmet ist, nimmt er sich vor, all jenen den Kopf zu waschen, die den Pfad abendländischer Rationalität verlassen haben. Konstruktivisten, Dekonstruktivisten und Kulturalisten, meint Searle, haben gleichermaßen vergessen, dass die Annahme der Existenz einer aus »rohen Tatsachen« gebildeten äußeren Realität, die sich nicht nach unserem Dafürhalten richtet, eine Voraussetzung allen verständlichen Denkens und Redens ist.

Allerdings muss Searle hierbei eine erkenntnistheoretische Falle vermeiden, in die ein naiver Realismus nur allzu gern geht. Der Realist darf nicht behaupten zu wissen, wie die Welt im Innersten verfasst ist. Denn würde er dies tun, würde er das Wirkliche an unser *Verständnis* des Wirklichen binden. Er hätte den Begriff der Realität an den unseres aktuellen oder künftigen *Wissens* von ihr gekoppelt. Damit wäre die Position verraten, die er ins

Recht setzen will: die Annahme nämlich, dass die Realität ihre Verfassung *unabhängig* von ihrer Erkennbarkeit durch uns besitzt. »Richtig verstanden«, sagt Searle deshalb, »ist der Realismus keine These darüber, wie die Welt tatsächlich ist.« Seine These lautet vielmehr, »dass es eine Seinsweise der Dinge gibt, die von allen menschlichen Repräsentationen logisch unabhängig ist. Der Realismus sagt nicht, wie die Dinge sind, sondern nur, dass es eine Seinsweise der Dinge gibt.«

Doch hier entsteht ein Problem. Mit »Seinsweise« meint Searle das »ohnehin« bestehende Sosein der Welt. Dies soll eine durchaus *bestimmte* Verfassung sein. Ihr Begriff aber soll auf keine Form der *Bestimmung* durch erkennende Wesen bezogen sein. Schon Kant aber hat in der *Kritik der reinen Vernunft* gezeigt, dass sich die *Bestimmtheit* der Welt nicht ohne einen Begriff ihrer erkennenden *Bestimmbarkeit* denken lässt. Indem Searle annimmt, dass es eine feststehende Verfassung des Seienden gibt, denkt er diese insgeheim von der Möglichkeit einer ultimativen Erfassung her. Die Annahme einer »sowieso« bestehenden *Seinsweise* schließt die Annahme einer umfassenden erkennenden *Sichtweise* ein. Im Ohnehin ist schon die Hinsicht drin. Auch Searle ist in die erkenntnistheoretische Falle getappt.

Um eine Falle aber handelt es sich nur für ein Denken, das die philosophischen Positionen des Realismus und des Konstruktivismus als eine strikte Alternative behandelt. Versteht man dagegen Realität als einen Inbegriff von Dingen und Ereignissen, die allein *in Antwort* auf erkennende Konstruktionen ein Sosein zu erkennen geben, so wird deutlich, dass die Wirklichkeit weder *eine* noch *keine* Verfassung hat. Sie hat *nicht eine* Verfassung. Wie der Radiergummi, der hier vor mir liegt, lässt sie sich auf unterschiedliche Weise zutreffend beschreiben, ohne dass die Idee einer umfassenden oder letztgültigen Beschreibung sinnvoll wäre. Alles Erkennen ist aspektgebunden.

Gegenüber jeder noch so triftigen Erkenntnis können *andere* Aspekte ins Spiel gebracht werden, denen sie nicht gerecht geworden ist. Es kennzeichnet alle Realität, dass sie unserem Erkennen offen steht und sich doch einer restlosen Durchdringung entzieht. Wer ihr mit Gewalt eine Verfassung geben will – eine, die sie allein von sich aus hat oder allein von uns erhalten hat –, hält ihrem Widerstand nicht stand.

John Searle, *Die Konstruktion der gesellschaftlichen Wirklichkeit. Zur Ontologie sozialer Tatsachen*, übers. v. M. Suhr, Reinbek 1997

8. Magie und Macht der Widmungen

Nachlässige Leser mögen die Grußadressen in Büchern für eine reine Privatsache der Schreibenden halten: Hier müssen soziale Pflichten erfüllt werden, die sie eigentlich nichts angehen. Doch weit gefehlt. Es ist auch ein Pakt mit den Lesern, den ein Autor bei der Abfassung einer Widmung einhalten muss: Er ist verpflichtet, ihnen einen flüchtigen Blick auf den Menschen hinter dem Buch zu gewähren.

Den missratenen Widmungen kommt dabei die größte Wirkung zu. Die nach 1933 von Martin Heidegger getilgte und nach 1945 wieder eingesetzte Dedikation von *Sein und Zeit* an Edmund Husserl ist eines der extremsten Beispiele. Normalerweise aber ist das Desaster kein moralisches. Es hält bloß die Leser vom Zugriff ab. In Deutschland wird gerne diesem und jenem und noch einem Herrn Professor für segensreiche Geduld oder Ungeduld gedankt, des Weiteren diversen Privatdozenten, nicht zu vergessen die tapferen Doktorinnen und Doktoren, die gemeinsam mit dem Autor durchgehalten haben. Das Buch eines Menschen aber, der selbst seinen Freunden unter Angabe ihres Titels huldigt, sollte man umgehend aus der Hand legen. Denn wie sollte ein serviler Geist ein souveränes Buch verfassen?

Nicht viel besser sind die ganz schlauen Widmungen. Vor Jahren hatte ich den Band eines jungen österreichischen Autors in der Hand, dessen Debütroman die Bemerkung »Dank an Ulla, Uschi, Konrad, Josef und Peter H.« zierte. Ich legte den Text sofort beiseite – wer mir als Erstes einen Zaunpfahl über den Kopf zieht, um mir seine Bekanntschaft mit einer Berühmtheit anzudeuten, dem werde ich mein Interesse erst einmal entziehen.

Junge Akademiker, die nichts falsch machen wollen,

versehen ihre frühen Werke gerne mit einem schlichten »Meinen Eltern«. Aber das ist für Leser so langweilig, dass sie sich zur Strafe von den Verfassern ein langweiliges Bild machen. Schon besser ist es, wenn wenigstens die Namen der Erzeuger mitgeteilt werden – aus einem schlichten »Für Frido und Irene Heugabel« kann unsere Phantasie schon allerhand machen. Ein besonders schwieriges Widmungs-Genre ist die Dankabstattung unter Eheleuten. Liebespflichten können nämlich auch übererfüllt werden. Die Gattin des amerikanischen Philosophen John Searle, der ihr aber auch jede seiner Publikationen widmet, stellt man sich unvermeidlich etwas drachenhaft vor. Um wieviel glücklicher ist da der Dreizeiler, mit dem Jürgen Habermas sein Buch über den *Philosophischen Diskurs der Moderne* seiner Tochter zugeeignet hat: »Für Rebecca, / die mir den Neostrukturalismus / nähergebracht hat«. Der zarte Komparativ macht die Sache glaubhaft und hebt eine Grundspannung des Texts hervor.

Ein guter Kunstgriff ist die Verbeugung vor Leuten mit Namen, in denen selber bereits ein Geheimnis steckt. Dieter Thomä hat sein jüngst erschienenes Buch *Erzähle dich selbst* unter die Patenschaft von Magnús Baldursson und Sigridur Thorgeirsdottir gestellt, was einen für den beängstigenden Titel durchaus entschädigt. Raffiniert sind auch enigmatische Widmungen, wie wir eine in Albrecht Wellmers fulminanten *Endspielen* finden. »Für die Eisbären«, heißt es da. Fällt einem die amerikanische Ausgabe in die Hände, die auf dem Umschlagfoto einen Eisbären auf der leeren Bühne des Wuppertaler Tanztheaters zeigt, bekommt die Sache einen zusätzlichen Dreh. Was man für die Reminiszenz an einen privaten Zirkel hielt, verwandelt sich in die Animation durch eine künstlerische Metapher.

Die Magie von Widmungen kann sich sogar auf ihre Adressaten erstrecken. Über dem Eingang zu Charles Taylors monumentalem Buch namens *Hegel* findet sich die Inschrift »To Karen, / who stepped in at the beginning / and thought it would never end«. Der klatschsüchtige Leser denkt sich eine entnervte Geliebte, die das Entstehen des tiefgründigen Werkes mit dem Sopran ihres Quengelns begleitet. In Wahrheit jedoch, wie man freilich wissen muss, handelt es sich erneut um eine Tochter, die zur Welt kam, als der Vater gerade in die Welt Hegels aufgebrochen war. An der Rolle, die Taylor für die damals Neugeborene im Rückblick entworfen hat, scheint diese Gefallen gefunden zu haben. Denn jene Karen, die hereingesteppt kam, um die Leser einen Augenblick lang in Atem zu halten, sie wurde im wirklichen Leben – Tänzerin.*

---

* Diese schöne Geschichte ist leider nicht wahr. Wie ein aufmerksamer Leser bemerkt hat, bin ich einer Rückübertragung vom Deutschen ins Englische zum Opfer gefallen. Ich meinte die Originalfassung der Widmung im Gedächtnis zu haben, zitierte aber unbewusst nach der deutschen Übersetzung, in der es wenig schön heißt, »Für Karen, die zu Beginn hereintrat ...«, während die Wendung im Englischen einfach lautet: »for Karen, who came in at the beginning ...«

9. Eine Reise ins Nirgendwo

Seit altersher haben Philosophen die Neigung, ihre Kundschaft auf eine Reise mit unbekanntem Ziel zu schicken. Dabei sind sie ihren Adressaten furchtlos vorangegangen. Ist doch die Philosophie selbst eine Expedition ohne erreichbares Ende – ganz wie das Streben nach einem wahrhaft guten Leben, das sie ihren Anhängern empfiehlt.

Dieser Suche nach einem umfassenden (Verständnis des) Guten hat Ursula Wolf einen kritischen Reiseführer gewidmet. Wie in diesem Genre üblich, wird von der Reise nicht abgeraten, jedoch dringend nahegelegt, unterwegs die Augen offen zu halten. Wer sich den Blick nicht verstellen lässt, sagt Wolf, wird bemerken, dass der menschliche Lebensweg – wie auch das Nachdenken über ihn – von grundlegenden Aporien geprägt ist. Die existentiellen Orientierungen des Menschen sind auf den Fluchtpunkt eines vollkommenen Glücks bezogen, das er wegen der vielfachen Begrenztheit seiner Verhältnisse nicht erreichen kann. Wolf zitiert Pascal: »Der Mensch will glücklich sein und nichts als glücklich sein, und er ist nicht fähig zu wollen, daß er es nicht sei; wie aber könnte er es sein?« Unter Berufung auf Nietzsche freilich beklagt die Autorin die Tendenz der philosophischen Tradition, diese Situation durch die Anrufung eines höheren Sinns oder Seins zu verzeichnen. Das menschliche Sinndefizit aber, sagt die Autorin, ist nicht kompensierbar. Die Reise gelangt nicht ans Ziel. Wenn sie sich trotzdem lohnen soll, kommt es im Leben wie im Nachdenken über das Leben darauf an, mit der »Unganzheit« zu leben. Die existentiellen Widersprüche können nicht beseitigt, aber sie können – und müssen – bearbeitet werden. »Ohne das Bedürfnis nach Einheit oder Ganzheit, das in unserer Ausrichtung auf ein vollkommen gutes Leben liegt, könnten wir die Spannungen in unserem Selbst- und Weltverständnis stehenlassen.«

Aber können wir das denn nicht? Haben wir tatsächlich alle das Bedürfnis, unser Leben »möglichst vollständig zu artikulieren«, um es als ein sinnhaftes Ganzes zu erfahren? Stimmt es denn, was Wolf mit der Tradition annimmt – dass wir auf ein Streben nach unmöglicher Erlösung programmiert sind? Sicher, der *Wunsch* nach einem ungetrübten Glück ist ein grundlegendes menschliches Begehren. Jedoch betrifft dieser weniger ein Ganzes als vielmehr eine offene, aussichtsreiche, funkelnde *Gegenwart*: den glückhaften Augenblick. Von ihm wünschen wir dann und wann, dass er verweilen möge. Von ihm wissen wir, dass er nicht verweilen kann. Von ihm können wir wissen, dass er allen Glanz verlöre, würde er auf Dauer gestellt. Warum aber sollten wir diese Zerstörung unvermeidlicherweise *wollen*? Ich für meinen Teil will das nicht. Lieber unter Spannungen leiden als der Tristesse eines Lebens ohne Spannung ausgesetzt sein. »Die vollkommene Ruhe ist nur der Tod«, pflegen Thomas Bernhards denkende Helden hier mit Pascal zu sagen.

Es hilft überhaupt nichts, das einigende Ganze statt als erreichbare Wirklichkeit als unerreichbare »regulative Idee« zu deuten, wie Wolf es vorschlägt. Denn nicht die Unerreichbarkeit, sondern die Unerfüllbarkeit ist das Problem. Im privaten wie im politischen Leben ist es verhängnisvoll, nach Zuständen zu streben, deren Erreichen den sicheren Ruin des eigentlich Erstrebten bedeuten würde. Indem Wolf ein solches unerfüllbares Ideal unterschreibt, schließt sie einen fatalen Pakt mit den Positionen, denen sie mit guten Gründen eine »Umbiegung« der menschlichen Lage vorwirft.

Von einer Reise zum Unort des ganzen Glücks ist daher ganz abzuraten. Dass er in die Irre führt, wird auch in einer beredten Abhandlung von Dieter Thomä über die Erzählbarkeit des menschlichen Lebens deutlich, die dieser unter dem Titel *Erzähle dich selbst* vorgelegt hat. Biografische Erzählungen, so zeigt er, leben von der unüberbrückbaren Differenz zwischen Erzählung und Erzähltem. Keiner kann sich selbst erzählen. Man lese die Romane des Amerikaners Philip Roth, um davon eine drastische Anschauung zu erhalten. »Das Ganze ist das Unwahre« – als existentielle Maxime ist das geflügelte Wort Adornos wahr.

Ursula Wolf, *Die Philosophie und die Frage nach dem guten Leben*, Reinbek 1999

10. Gewichtsklassen der Kunst

Dem allseits bekannten Typus des Schaumschlägers, einem auch im Biotop der Philosophie nicht selten gesehenen Gast, steht der noch wenig erforschte Typus des Luftrauslassers gegenüber. Anders als sein Antipode ist er ausschließlich im Feld der Theorie heimisch. Wo jener aus nichts etwas macht, macht dieser aus etwas nichts. Der eine hat ein Problem, das keines ist und bläst es (und sich selbst) gehörig auf; der andere hat ein Problem, das wirklich eines ist – und lässt alle Luft heraus.

Noël Carroll, eigentlich einer der wichtigsten amerikanischen Theoretiker des Films, hat mit seinem jüngsten Buch zur *Philosophie der Massenkunst* ein Virtuosenstück des Luftrauslassens verfasst. Es traktiert sein Problem – die kulturelle Bedeutung der populären Kunst – so lange und so gründlich, bis man gar nicht mehr weiß, warum das Thema in diesem Jahrhundert immer wieder heftige Reaktionen hervorgerufen hat. Worüber haben Autoren wie Adorno, Anders oder Collingwood und Benjamin, McLuhan oder Bourdieu gestritten, als es darum ging, ob die ästhetische Produktion der Massenmedien ein Fluch oder ein Segen für die Menschheit sei? Nun, sagt Carroll, nachdem er alle die bekannten wechselseitigen Einwände noch einmal aufgelistet und einige zusätzliche an den Haaren herbeigeschleift hat, es ging darum zu klären, was Massenkunst eigentlich ist. Jedoch haben die Beteiligten es leider versäumt, eine vernünftige Definition zu liefern. Carroll hat eine. Im Unterschied zur Avantgarde-Kunst, so lautet sie, ist Massenkunst eine leicht zugängliche und massenhaft verbreitete Kunst.

Das klingt so unbestreitbar, dass man erst gar nicht merkt, wie absurd es ist. Denn anstatt die Diskussion zwischen »Apokalyptikern und Integrierten«, wie Umberto

Eco spöttisch gesagt hat, produktiv aufzubrechen, wiederholt Carroll nur noch einmal die Position der Parteien, die er ins Unrecht setzen will. Es gibt eine schwere Kunst für die Wenigen und es gibt eine leichte Kunst für die Vielen; trotz des gelegentlichen Austauschs zwischen diesen Bereichen handelt es sich um »zwei konträre Gebiete« der ästhetischen Produktion. Mit diesem Befund unterschreibt Carroll die Diagnose der kulturkonservativen Partei. Aber, so fügt er hinzu, die Massenkunst ist deswegen nicht irgendwie schlechter; schon gar nicht ist sie ein Teufelswerk der Entmündigung und Entfremdung. Sie ist lediglich anders. Hierin schlägt sich Carroll auf die Seite der Progressiven. Die einen, so lautet der salomonische Schiedsspruch, haben die Lage richtig beschrieben, die anderen haben sie richtig bewertet.

Wie immer aber, wenn an überlieferten Positionen nur einige Vorzeichen ausgetauscht werden, geht die Rechnung nicht auf. Denn es ist gerade die säuberliche *Einteilung* in elitäre und leichte Kunst, die von den Kritikern der kulturkritischen Verdammung der Massenkultur mit Recht aufs Korn genommen wurde. Filme von Hitchcock, sagt Carroll, sind Massenkunst, Filme von Godard nicht. Was aber ist mit *Pulp Fiction* von Quentin Tarantino? Die Romane von Thomas Pynchon sind vielleicht Avantgarde-Kunst, aber was ist mit *Rabbit is Rich* von John Updike? Ist der Jazz eines Archie Shepp Avantgarde-Kunst, auf CDs vertriebener Mozart hingegen Massenkunst? Was ist mit Andy Warhol oder Keith Haring? Und was ist mit den frühen Rolling Stones, deren Nummern einer überwältigenden Mehrheit von Hörern zunächst so unzugänglich waren wie es *Finnegans Wake* den Lesern der Rosamunde Pilcher immer bleiben wird?

Der Begriff der »Massenkunst« ist eine Missgeburt. Kunst zu sein, ist ein normativer Anspruch. Dieser Anspruch – eine Begegnung mit menschlicher Weltbegegnung möglich zu machen – kann sich überall erfüllen oder nicht erfüllen, im Theater und im TV, in der Literatur und im Comic, im Kino oder im Konzert. Es ist ein Markenzeichen demokratischer Kulturen, dass man nie sicher weiß, wo man auf künstlerisch starke Produktionen treffen wird. Wie schwer oder leicht sie zugänglich sind, ist für ihren Kunststatus irrelevant. Sicher, nicht alle Kunst ist Entertainment und nicht alles Entertainment ist Kunst. Wer aber einen tiefen Graben zwischen beides legt, fällt auf das älteste Klischee des Kulturkampfes um die Massenmedien herein.

Noël Carroll,
A Philosophy of Mass Art, Oxford 1998

11. Verlockungen des Spiegelbildes

Wie überall in der Philosophie kann man auch in der Theorie des Bildes fast überall beginnen – bei den gegenständlichen oder abstrakten Bildern der Kunst, bei Spielarten herkömmlicher oder digitaler Fotografie, bei Diagrammen oder den frühen Bildern der Kinder. Entscheidend ist, ob es vom jeweiligen Ausgangspunkt aus gelingt, zu einem einleuchtenden Verständnis auch der anderen Bildphänomene zu gelangen. Trotzdem kommt den ersten Exempeln häufig eine Signalwirkung zu. Denn hier wird festgelegt, wie der Hase laufen wird.

In seinem jüngsten Buch *Die Wirklichkeit der Bilder* setzt der Marburger Philosoph Reinhard Brandt bei dem Spiegelbild ein. Von hier aus kommt eine Fülle von Bildphänomenen zur Sprache. Die leitenden Bestimmungen aber werden bereits der Betrachtung des Spiegels entnommen. Bilder, sagt Brandt, sind Objekte, in denen wir etwas anschaulich dargestellt finden, was gleichwohl nicht da ist. Zwar ist das Spiegelbild auf die räumliche Nähe der in ihm erscheinenden Gegenstände angewiesen; aber auch hier sehen wir etwas, das sich nicht dort befindet, wo wir es sehen. Zu einer Wahrnehmung von Bildern kann es freilich nur dort kommen, wo dieses Verhältnis *durchschaut* wird. Erst dann wird das Bild *als* Bild gesehen. »Das Bild spielt und spiegelt dem Betrachter mit seinen Formen und Farben ein Dasein des Dargestellten vor. Der intendierte Betrachter durchschaut die Täuschung und genießt die Illusion.«

Wie notwendig aber ist diese Illusion der Anwesenheit des Dargestellten? Brandt zufolge verleiht sie allen Bildern den Status von »Zwiegebilden zwischen Sein und Nichtsein«. Im Fall des Spiegels jedoch ist gerade die *tatsächliche* Anwesenheit des widerscheinenden Gegenstands eine

Voraussetzung des Bildes (andernfalls könnte der Rückspiegel im Auto seine Dienste nicht leisten). Bei gegenständlichen Bildern auf Papier oder Leinwand dagegen, in denen das Dargestellte in der Regel nicht vorhanden ist, dürfte andererseits die *Illusion* seiner Anwesenheit eher die Ausnahme sein. Dass Bilder zu *Zeichen* der Gegenwart einer Person oder Landschaft werden, bedeutet nicht, dass sie einen *Schein* dieser Gegenwart erzeugen müssten.

Außerdem muss Brandt auch von den abstrakten Bildern behaupten, dass sie generell eine Darbietung abwesender Umstände leisten. Das ist zwar häufig *auch* der Fall; oft aber präsentieren diese Bilder einige derjenigen Bezüge, die ihnen tatsächlich zukommen. Lucio Fontanas aufgeschlitzte Leinwände, auf die sich Brandt bezieht, thematisieren die fragile Räumlichkeit und Materialität von Bildern, indem sie diese buchstäblich vorführen. Es geht hier gerade um das, was im Raum der Bildwahrnehmung *vorhanden* ist, nicht hingegen um einen »eingehegten, realitätsimmunen Raum von Anschauung und Illusion«.

Es ist also kein Zufall, dass Brandt seine illusionistische Deutung gelegentlich fallen lässt und stattdessen von einer grundlegenden »Selbstdifferenz« des Bildes spricht. Von ihr heißt es prägnant: »Wir sehen das Medium, in dem und durch das ein Sachverhalt dargestellt wird«. Wir müssen auf die mit Farben und Formen versehene Bild*fläche* achten, um das auf ihr *Dargebotene* erkennen zu können. Es ist eben diese Doppelung, für die der Kunsthistoriker Gottfried Boehm den Begriff der »ikonischen Differenz« geprägt hat. Wenn aber die Wahrnehmung eines Bild-Sinns derart an die Aufmerksamkeit für das Bild-Medium gebunden ist, lässt sich der Geist der Bilder nicht länger von ihrem Körper trennen. Wer auf einem Bild etwas sehen will, darf den Gegenstand Bild nicht übersehen. Das ontologische Mysterium verschwindet. Die Wirklichkeit des Bildes hat ihre Realität in sichtbaren Flächen, die als Darbietungen anschaulicher Verhältnisse verstanden werden.

Die Spannungen zwischen den sichtbaren Erscheinungen und dem sinnlichen Erscheinen eines Bildes werden nirgends so manifest wie vor einem künstlerischen Bild. Dies macht verständlich, warum sich Brandt von dem Vorbild des Spiegelbildes hat verführen lassen. Denn der blanke Spiegel erzeugt diejenigen Bilder, auf denen diese Differenz am wenigsten spürbar ist – und damit vielleicht am stärksten die Illusion, die Wirklichkeit der Bilder sei nicht von dieser Welt.

Reinhard Brandt, *Die Wirklichkeit der Bilder.*
Sehen und Erkennen – Vom Spiegel zum Kunstbild,
München 1999

12. Rhythmen der Philosophie

»Theodor Haecker erschrak mit Recht darüber, dass das Semikolon ausstirbt: er erkannte darin, dass keiner mehr eine Periode schreiben kann.« Theodor W. Adorno, der dies in einem Essay über die Satzzeichen notiert, bleibt seinen Lesern die Widerlegung dieser Schreckensnachricht nicht lange schuldig. Schon im nächsten Satz schiebt er eine kleine Periode inklusive eines Semikolons nach, um seine Diagnose zu einem bündigen Abschluss zu bringen: »Durch das Opfer der Periode wird der Gedanke kurzatmig.«

Für den langen philosophischen Atem kommt es auf die Länge der Sätze allein nicht an. Es kommt auf sprachliche Konstruktionen an, die eine ausgreifende gedankliche Konstruktion zu tragen vermögen. Einer wie Wittgenstein schreibt keine klassischen Perioden, er stellt Sequenzen von Bemerkungen zusammen, die es an Drive und Sound mit den gut geölten Satzketten eines Schopenhauer allemal aufnehmen können. Das ist das Entscheidende: ob ein Denken einen eigenen Atem, einen eigenen Rhythmus, eine eigene Bewegung, kurz: ob es ein eigenes sprachliches Leben findet. Der Puls der Satzzeichen ist nicht das geringste Symptom für die Kraft systematischen Denkens. »In keinem ihrer Elemente ist die Sprache so musikähnlich wie in den Satzzeichen«, schreibt Adorno. Jede starke Philosophie enthält Passagen einer propositionalen Musik.

Entgegen anderslautender Gerüchte konnte auch Kant einen Satz komponieren. Seine Vorrede zur zweiten Auflage der *Kritik der reinen Vernunft* ist ein rhetorisches Bravourstück, das in gestochen scharfen Bildern und ausgreifenden Satzperioden die Wende vorstellt, die das Buch vollzieht. »Es ist hiermit eben so, als mit dem ersten Gedanken des Kopernikus bewandt, der, nachdem es mit der Erklärung der Himmelsbewegungen nicht gut fort wollte, wenn er annahm, das ganze Sternenheer drehe sich um den Zuschauer, versuchte, ob es nicht besser gelingen möchte, wenn er den Zuschauer sich drehen, und dagegen die Sterne in Ruhe ließ.« Die dem Astronomen abgeschaute Umstellung der erkenntnistheoretischen Frage wird hier mit derselben von Komma zu Komma schwingenden Präzision vergegenwärtigt, mit der Peter Handke gut 200 Jahre später das mechanische Vorspiel einer Jukebox beschreiben wird.

Aber Kant ist jederzeit bereit, den Takt seiner Sätze zu verletzen, wenn minutiöse Reflexion und logische Strenge es verlangen. Was andernorts eine Rhythmus*störung* zu nennen wäre – das ist der *Rhythmus* der Philosophie. Sie zerbricht ihre fließendsten Formen, um Komplexität mit Klarheit zu verbinden. Sie weiß, dass ihre Einsichten nur standhalten können, wenn sie auch mit anderen Worten ausgesagt werden können. Die Gedanken eines Autors, die er nur in der Entwicklung *seiner* Sprache entwickeln konnte, sind kein *Eigentum* nur seines Idioms. Harte Zäsuren sind daher eine notwendige Erscheinung im Klangbild der philosophischen Rede.

Wie man Rednern misstrauen sollte, die ihren Hörern einen Ausflug ins Ungeheure versprechen und sich doch nur im Halblicht großer Namen herumdrücken, so ist Misstrauen gegenüber Autoren geboten, die sich, zumal wenn es brenzlig wird, auf das Literarische ihrer Texte öffentlich etwas einbilden. So hat Peter Sloterdijk dieser Tage reagiert, als ihm der Assoziationsfluss seiner Elmauer Rede über die Aussichten der Gentechnik noch einmal um die Ohren gespielt wurde. Wer siebendeutige Übergänge von »Zähmung« zu »Züchtung«, von »Lesen« zu »Auslesung« macht, wer überlegt, wie es wäre, als »Subjekt von Auslese« zu existieren und sich dabei über den Verbleib ihrer Objekte ausschweigt, darf, nach Argumenten gefragt, nicht erwidern, es habe sich eben um einen »literarisch anspruchsvollen« Vortrag in Gestalt eines »philosophischen Nachtstücks« gehandelt. Wer sich als Philosoph auf die Literatur herausredet, redet sich aus der Philosophie heraus.

Alles spricht für eine Philosophie, die über einen freien Atem und die Balance verfügt, im Gebrauch ihrer Zeichen die Hände von der Lenkstange einer eingefahrenen Sprache zu nehmen; nichts aber für ein Denken, das sich an den eigenen Melodien berauscht und darüber die Klarstellung ihrer Begriffe, die Schärfung ihrer Argumente, die Unterbrechung ihres Schönklangs vergisst.

Peter Sloterdijk,
»Regeln für den Menschenpark«,
in: DIE ZEIT Nr. 38/1999, S. 15–21;
ders. »Die Kritische Theorie ist tot«,
in: DIE ZEIT Nr. 37/1999, S. 35–36

13. Eine Theologie der Wahrheit

»Die These lautet, dass jede logisch stimmige Auffassung dessen, was Sprache ist und wie Sprache funktioniert, letztlich auf der Annahme einer Gegenwart Gottes beruhen muss.« So eröffnet George Steiner seinen langen Essay *Von realer Gegenwart,* der weniger eine logische als eine literarische Beweisführung unternimmt. Mit demselben Satz hätte Robert Spaemann seinen kurzen Traktat *Gottesbeweise nach Nietzsche* einleiten können, der sich in einer Sammlung zu Ehren Dieter Henrichs findet. Hier aber wird keine literarische, hier wird eine logische Konstruktion versucht.

Ein Gottesbeweis »nach Nietzsche« – wie sollte das gelingen? Er kann nur, sagt Spaemann, als ein *argumentum ad hominem* vorgebracht werden. Man muss vom Menschen her argumentieren, gerade so, wie Nietzsche in seiner Religionskritik verfahren ist. Man muss zeigen, welche Stellung dem Gedanken an Gott im Verständnis des Menschen zukommt. Wenn wir uns als wahrheitsfähige, unserer selbst bewusste und einander verpflichtete Personen verstehen wollen, so lautet Spaemanns Argument, müssen wir die Annahme der Existenz Gottes machen. Denn sie allein sichert den Bestand einer unabhängig von unserem Erkennen bestehenden Wirklichkeit. »Es bedarf der Wirklichkeit Gottes, um uns die Intelligibilität des Seins, also die Erfüllung dessen zu verbürgen, was wir meinen, wenn wir von ›Wahrheit‹ sprechen.« Wollen wir unser Denken und Sprechen ernst nehmen, meint Spaemann, müssen wir uns als Kinder Gottes verstehen.

»We never really advance a step beyond our-selves«: in diesem Satz von David Hume sieht Spaemann den Gegenentwurf zu seiner eigenen Überlegung. Er sieht die heutige Kultur in einem ungeheuren Narzissmus befangen, der auch das geistige Leben auf eine bloße Verfolgung naturaler Antriebe reduziert. Die erkenntnistheoretische Folge sei eine totale Funktionalisierung des Wirklichen. Die wahre Welt reduziert sich hier auf die Welt, die uns etwas angeht, die zur Verfügung unserer Naturbeherrschung steht. Hier bietet allein die Zuflucht zum Absoluten Rettung, »weil der Gottesgedanke den Raum einer wahren Welt eröffnet, der größer ist als unser Bewusstseinsraum und der nicht als dessen Funktion gedacht werden kann«.

Diese Rettung jedoch wäre profaner zu haben. Wir könnten uns mit anderen gar nicht verständigen ohne einen Bezug auf Objekte und Ereignisse, die nicht in der Verfügung unseres Denkens stehen. Nur weil es Objekte gibt, die ein von unserem Verhalten unabhängiges Verhalten zeigen, können wir uns im Denken und Sprechen für andere verständlich auf etwas beziehen. Zur verstehbaren Rede gehört, dass die Beteiligten wechselseitig den jeweiligen Gegenstand der Rede ausmachen können. Wären diese Gegenstände nichts weiter als Konstruktionen der jeweils Redenden (oder ihrer Sprachen), so gäbe es kein für die anderen erkennbares Worüber ihrer Rede. Spaemann fasst die Gedanken *Gottes* als den Bezugspunkt allen Denkens auf, wo es ausgereicht hätte, die Stellung von *Gedanken* zu der von ihnen erfassten Realität zu erläutern.

Dass es des syntaktischen und semantischen Arrangements einer natürlichen Sprache bedarf, um zu erkennen, wie etwas ist, untergräbt diesen Bezug auf eine äußere oder innere Wirklichkeit nicht. Denn wie immer die Konventionen einer Sprache ausfallen mögen, innerhalb ihrer Regeln ist ein Satz zutreffend oder unzutreffend, gemessen an der durch den Satz hervorgehobenen *Beschaffenheit* der Sachen, auf die er gemünzt ist. Wenn sich diese Regeln ändern, wie es häufig geschieht, lassen sich die alten Sätze auf eine wahrheitserhaltende Weise in neue *übersetzen.* Indem das Denken innerhalb seiner sprachlichen Artikulation über die Beschränkung auf bestimmte Sprecher, bestimmte Formulierungen und bestimmte Sprachen hinausreicht, reicht es in das Geschehen einer nicht von ihm gemachten Wirklichkeit hinein. Wo es ganz bei sich ist, ist es schon über sich hinaus. Mehr Transzendenz braucht es für einen Anspruch auf Wahrheit nicht. Spaemanns Argument ist nur schlüssig, wenn man es von seiner theologischen Ambition befreit.

Robert Spaemann,
»Gottesbeweise nach Nietzsche«,
in: Marcelo Stamm (Hg.),
Philosophie in synthetischer Absicht,
Stuttgart 1998

14. Die Zukunft der Sprachphilosophie

Lange Zeit sah es so aus, als würde das 20. Jahrhundert als ein »Jahrhundert der Sprachphilosophie« in die Geschichte eingehen. Jetzt aber, wo es ans Bilanzieren geht, mehren sich auf einmal skeptische Stimmen. Die Philosophen dieses Jahrhunderts, sagt der Amerikaner John Searle (und er zählt sich selbst dazu), »waren einen kurzen, gloriosen Augenblick lang von der Sprache besessen.« In den fünfziger und sechziger Jahren sah es für viele tatsächlich so aus, als sei die Sprache das alles beherrschende Thema der Philosophie. Fixpunkt war entweder eine ideale Sprache, die es erst noch zu gewinnen, oder aber die normale Sprache der alltäglichen Verständigung, die es als einen wegweisenden Zugang zu allen theoretischen Problemen zu entdecken galt.

Die Epoche des *linguistic turn*, in der die Philosophie mit Sprachphilosophie beinahe gleichgesetzt wurde, ist gewiss vorüber. Praktische Philosophie und Ästhetik lassen sich nicht ausreichend als eine Theorie der *Rede* vom Guten und Schönen begreifen, und die Frage der grundlegenden Sprachlichkeit des Geistes wird wohl für immer umstritten bleiben. Aber folgt daraus, dass die Sprache nur eines unter vielen anderen Themen des Philosophierens ist?

In einer weit ausholenden Abhandlung über *Verstehen und Rationalität* nimmt der Berliner Philosoph Oliver Scholz auch zu dieser Frage Stellung. Das Buch leistet eine historische Rekonstruktion und systematische Fortführung des Projekts einer allgemeinen Verstehenslehre. In vorbildlicher Gleichgültigkeit für die Trennung zwischen kontinentalem und analytischem Denken entwickelt Scholz eine Theorie allgemeiner Prinzipien, die das Verstehen von Personen und ihrer sprachlichen und sonstigen Handlungen leiten. Es ist das gesamte Feld des Geistes und der Kultur, das allein verstehend zugänglich ist – und das nur in Spielräumen des Verstehens und Missverstehens überhaupt besteht. Aber bei weitem nicht alles Verstehen, so macht Scholz geltend, betrifft sprachliche Leistungen. Sprache und das Verstehen von Sprache, so heißt es daher, ist zwar nicht weniger, aber auch nicht mehr als ein zentraler Bereich dieses Feldes. Sprachphilosophie erweist sich als ein wichtiger Teil der Philosophie, der jedoch keinen Anspruch darauf erheben kann, für das Ganze zu stehen. »Von dem hohen Sockel einer ›Ersten Philosophie‹ kehrt sie in den bunten Reigen der Teilbereiche der theoretischen Philosophie zurück.«

Soweit Sprachphilosophie als eine Theorie der Bedeutung und des Verstehens sprachlicher Einheiten aufgefasst wird, ist an diesem Schiedsspruch nichts auszusetzen. Ganz so nüchtern aber sollte die Philosophie der Sprache dennoch nicht ins nächste Jahrhundert gehen. Bei Herder und Humboldt, Heidegger und Wittgenstein, Davidson und Derrida ist die Besinnung auf Sprache immer zugleich mehr. Sie ist eine Reflexion über das Medium, in dem sich das menschliche Weltverhältnis in erster Linie artikuliert. Auch Bilder und Musik, Politik und Technik können nur verstanden werden, wo Sprache verstanden werden kann. Jede Kultur ist eine Kultur der sprachlichen Artikulation, wie viele andere Ausdrucksmedien ihr darüber hinaus gegeben sein mögen. Und jede Philosophie greift auf *dieses* Medium zurück, wenn sie die Dimensionen des menschlichen Verstehens verstehen will.

Dabei geht sie stets von sprachlichen Ansichten aus, um von ihnen her eine erneuerte – und manchmal eine neue – Ansicht ihrer Probleme zu finden. Ob diese Vorverständnisse innerhalb oder außerhalb der Philosophie entstanden sind, tut nichts zur Sache. Denn wie immer das Thema auch lautet, ob »Kausalität« oder »Kunst«,

»Gerechtigkeit« oder »Gewalt«: bei sprachlichen Explikationen dieser Phänomene setzt die philosophische Reflexion ein, und hierhin, zu einer kritischen Erläuterung dieser Erläuterungen, führt sie zurück. Immer wendet sie sich der sprachlichen Zugänglichkeit ihrer Gegenstände zu. In diesem Sinn wird auch die Philosophie des kommenden Jahrhunderts Sprachphilosophie sein.

Oliver R. Scholz, *Verstehen und Rationalität.*
Untersuchungen zu den Grundlagen von Hermeneutik
und Sprachphilosophie, Frankfurt/M. 1999

15. Abstand zum Theatrum Mundi

Nach dem Rausch des Jahrtausendwechsels, der genau genommen noch gar keiner war, melden sich die harten Tatsachen zurück. Als deren härteste gilt gemeinhin der Tod. Zwar haben sich Philosophen, Theologen und andere Therapeuten lange darum bemüht, den Menschen die Furcht vor dem Tod auszutreiben, doch gelungen ist es ihnen nicht. Aber warum? Das ist die Frage, der Ernst Tugendhat in seinen bemerkenswerten *Gedanken über den Tod* nachgeht.

Er will vor allem klären, »was es genau am Tod ist, wovor wir uns fürchten«. Es geht hierbei nicht um die *vegetative* Todesfurcht, die die Menschen mit allen anderen Tieren teilen. Es geht vielmehr um ein *voluntatives* Verhältnis zu dem sicheren, wenn auch zeitlich unbestimmten Ende des Lebens. Die Frage ist, warum die meisten Menschen nicht sterben *wollen*. Gegen Heidegger wendet Tugendhat ein, dass die Furcht – oder, wie Heidegger dramatischer sagt: die Angst – vor dem Tod nicht einfach als ein unumgängliches Faktum hingestellt werden darf. Denn ein nie endendes, »todloses« Leben könnte ebenso beängstigend erscheinen. Außerdem steht der erschreckenden »Leere des Todes« oft eine nicht weniger erschreckende »Leere des Lebens« gegenüber, die dazu führen kann, dass der Tod dem Leben vorgezogen wird. Art und Grad der Bedrohlichkeit des Todes sind von der Qualität des jeweiligen Lebens nicht zu trennen.

Daher leuchtet es Tugendhat auch nicht ein, das Leben mit dem amerikanischen Philosophen Thomas Nagel als ein absolutes »Gut« zu verstehen, dessen uns das »Übel« des Todes beraubt. Denn das Leben ist nicht als solches etwas Gutes. Vielmehr erhält es einen Sinn nur durch Umstände und Verhaltensweisen, in denen die Menschen Erfüllung finden. Was ihnen dabei zufällt, hängt immer auch von ihnen selbst ab – davon, ob sie in der Lage sind, ihrem Leben einen Sinn zu geben. Hieraus ergibt sich eine erste Antwort. Der Grund der Todesfurcht liegt in einem Bedauern über ein verfehltes Leben. Das Erschreckende des eigenen Endes bezieht sich nicht auf den Tod als solchen, sondern auf eine zur Unzeit erfahrene *Nähe* des Todes. Das Übel besteht darin, »dass ich jetzt durch den Tod die Chance – die letzte Chance – verliere, meinem Leben Sinn – oder mehr Sinn – zu geben.«

Jedoch fürchten auch Menschen den Tod, die nicht von sich sagen müssen, sie hätten ihr Leben verfehlt. Daher bedarf es einer zweiten Antwort. Die Furcht vor dem Tod, sagt Tugendhat, ist die Mitgift einer Illusion, ohne die kein Mensch lebensfähig wäre. Sie wurzelt in der Neigung, sich selbst als das Zentrum der Welt zu sehen. Der Gedanke an die Nähe des Todes erschüttert diesen Glauben – und bedroht so die Aussicht auf existentielle Erfüllung. »Jeder Weg hinauf, alle Kreativität, jeder Einsatz, aber wohl auch alles Obensein, alles Glück setzt diese Selbstzentriertheit voraus und impliziert das Risiko der Verzweiflung.« Unter Hinweis auf das Schicksal des Fürsten Andrej in Tolstois Roman *Krieg und Frieden* macht Tugendhat jedoch deutlich, dass der bevorstehende Tod – wie bereits das Altern – die Möglichkeit bietet, »diesen Irrtum einzusehen und sich gewissermaßen innerhalb des Theaters auf die Seite zu stellen, aus dem Zentrum heraus.« Jedoch stellt diese Position ihrerseits nur eine Grenzmöglichkeit dar; auf Dauer gestellt, würde sie zu Apathie und Gleichgültigkeit führen. Daher bleibt nur eine »Gratwanderung« zwischen einer engagierten und einer gelassenen Haltung übrig. Soll der Tod seinen Stachel verlieren, müsste das Sichwichtignehmen und das Sichheraushalten *zusammen* geleistet werden können.

Für diese riskante Übung fehlt Tugendhat ein angemessener Begriff. Ein aussichtsreicher Kandidat wäre der eines praktischen Humors, wie er von Autoren wie Sterne und Jean Paul, Doderer und Bernhard literarisch modelliert worden ist. Das ist kein Humor, der sich über die anderen hermacht, sondern einer, mit dem wir uns in den Rollen unseres Lebens selbst relativieren. Wenn schon der Grund der Furcht vor dem Tod nicht aus der Welt zu schaffen ist, so lässt sich diese Furcht doch – mit etwas Glück – in einer Verbindung von Leidenschaft und Lakonie, Gelassenheit und Gelächter mildern.

Ernst Tugendhat, »Gedanken über den Tod«, in: Marcelo Stamm (Hg.), *Philosophie in synthetischer Absicht*, Stuttgart 1998

16. Das Ende einer Affäre

Wie jede andere kreative Tätigkeit ist auch das Philosophieren eine Sache der Leidenschaft. Diese gilt nicht allein den Sachen, sondern ebenso den Personen, die sie vertreten. Dabei kann es zu heftigen Beziehungen kommen. Man denke nur an die mit Eifersucht gemischte Abneigung, die Schopenhauer gegenüber Hegel oder Popper gegenüber Wittgenstein empfand. Nicht weniger Anlass zu Klatsch und Traktaten freilich gibt die Zuneigung, die philosophische Berühmtheiten manchmal füreinander empfinden. Von einer solchen im echten Sinn platonischen Affäre will ich heute berichten.

Als sich die amerikanischen Philosophen Richard Rorty und Donald Davidson 1981 bei dem Stuttgarter Hegel-Kongress trafen, standen sie einander als Kontrahenten gegenüber. Rorty hatte den Kurs eines entschiedenen Pragmatisten eingeschlagen, der die großen Themen der Philosophie auf sich beruhen lassen wollte. Nach dem Wesen von Wahrheit und Wirklichkeit zu fragen, schien ihm ein nutzloses Unterfangen; nur das sollte zählen, was im menschlichen Leben wirklich zählt. Davidson hingegen sprach als ein Wortführer der Analytischen Philosophie, die angetreten war, die klassischen Probleme der Philosophie mit neuen Mitteln zu lösen. Er entwarf eine komplexe Theorie des Zusammenhangs von Wahrheit und Erkenntnis, die das Publikum gleich zu Beginn mit der Versicherung beruhigte: »Eine richtige Erkenntnistheorie vorausgesetzt, können wir in jeder Hinsicht Realisten sein.«

Nach einem anschließenden Treffen in Heidelberg und einem weiteren Meeting in den USA aber hatten die beiden zueinander gefunden. Rorty räumte Davidson gegenüber ein, dass der Begriff der Wahrheit nicht auf den der

Rechtfertigung reduziert werden könne. Im Gegenzug erklärte sich Davidson bereit, auf jede realistische Rhetorik zu verzichten. Denn beide waren sich darin einig, dass der philosophische Realismus an den unhaltbaren, weil letztlich unverständlichen Gedanken einer »Korrespondenz« zwischen wahren Meinungen und der von ihnen gemeinten Wirklichkeit gebunden sei.

Ein bemerkenswerter Bund war geschlossen. Trotz immer wieder aufkeimender Irritationen sollte er sich als recht beständig erweisen. Rorty schlüpfte in die Rolle des überschwänglichen Verehrers (um nebenher allerdings einen riskanten Flirt mit Jacques Derrida zu beginnen). Davidson übernahm den Part des geschmeichelten Grandseigneurs, der das lautstarke Werben des (etwas) Jüngeren mit reserviertem Wohlwollen entgegennahm.

Jetzt aber, nach immerhin 18 Jahren, ist Davidson der Geduldsfaden gerissen. In einem gerade mal zwei Seiten langen Schreiben, das einen neuen Sammelband mit Beiträgen von und über Davidson eröffnet, wirft er seinem Partner doppelte Untreue vor. Erstens habe er immer wieder das Versprechen gebrochen, die Differenz zwischen Wahrheit und Rechtfertigung in Ehren zu halten. Mehrfach habe er diese Unterscheidung als unnütz bezeichnet, weil ein Argument nur durch ein *anderes* Argument außer Kraft gesetzt werden könne und nicht durch den Appell an eine vom Spiel des Argumentierens unabhängige Wahrheit. Selbst Rorty aber müsse einräumen, dass es einen sinnvollen »warnenden« Gebrauch des Wörtchens »wahr« gebe, mit dem die Richtigkeit vermeintlich gerechtfertigter Überzeugungen angezweifelt werden könne. Wenn diese Verwendung aber sinnvoll ist, so fragt Davidson seinen ungefügigen Verehrer, wie kannst du dann behaupten, auf die fragliche Differenz komme es im wirklichen Leben nicht an?

Zum anderen wirft Davidson Rorty vor, den Begriff der Objektivität ohne Not preisgegeben zu haben. Er verdeutlicht dies an unseren Meinungen über Gegenstände der sinnlichen Wahrnehmung. Die meisten unserer diesbezüglichen Überzeugungen, so merkt er an, sind nicht allein deshalb wahr, weil sie zu unseren übrigen Überzeugungen passen. Ihr Inhalt ist wesentlich durch die *Objekte* bestimmt, die unsere Überzeugungen *verursacht* haben. Daher, so lautet das Resümee, das einer realistischen Position zum Verwechseln ähnlich sieht, gibt es keinen Grund, den »gewöhnlichen Begriff der Wahrheit« preiszugeben. »Unsere Begriffe sind unsere«, damit schließt Davidson seinen Abschiedsbrief, »aber das heißt nicht, dass sie nicht auf ebenso wahre wie nützliche Weise eine objektive Realität beschreiben.«

Donald Davidson, *Truth, Meaning and Knowledge*,
hg. v. Urszula M. Żegleń, London, New York 1999

17. Eine Sprache des Seins?

Begegnungen mit Hans-Georg Gadamer heißt ein Reclam-Bändchen, das der Tübinger Philosoph Günter Figal pünktlich zum Hundertsten des Meisters herausgegeben hat. Zwanzig Philosophen und Künstler erzählen von ihrer Bekanntschaft mit Gadamer, was zu einer erfreulichen Bereicherung unseres anekdotischen Wissens über das Leben der Philosophen führt. Man erfährt, wie Gadamer einmal Richard Rortys Weinkeller leerte, sich beinahe von Dieter Henrich im Schach schlagen ließ oder den jungen Habermas für den Rest seines Lebens davon abhielt, seine Nase in fremde Dissertationen zu stecken. Alle diese Geschichten aber führen zu erhellenden Stichworten zur Tragweite des von Gadamer angeregten Philosophierens.

Dabei fällt mehr als einmal der Satz, der auch in den Zeitungsberichten zu Gadamers 100. Geburtstag immer wieder zitiert wurde: »Sein, das verstanden werden kann, ist Sprache.« Es hat sich eingebürgert, in dieser dreigliedrigen, durchaus lyrischen Sentenz die Summe von Gadamers umfangreichem Hauptwerk *Wahrheit und Methode* zu sehen. Jedoch ist der Satz, wie bei solchen Formeln unvermeidlich, in mehrfacher Hinsicht dunkel. In seiner an Gadamers dialogische Lehrtätigkeit erinnernden Betrachtung schlägt Gottfried Boehm eine Lesart vor, die der gängigen Deutung widerspricht. Die übliche Auffassung versteht unter der »Sprache« des Zitats vorwiegend den schriftlichen Text, der einer auslegenden Aneignung bedarf. Das Sein, von dem Gadamer spricht, wäre demnach, mit einem Wort von Odo Marquard, ein »Sein zum Text«.

Damit aber käme nicht allein die Differenz zur dekonstruktiven Philosophie eines Jacques Derrida zum Verschwinden, derzufolge es »kein Außerhalb des Textes« gibt. Damit würde auch, wie der Kunsthistoriker Boehm einwendet, das Gewicht der *Wahrnehmung* auf eine dramatische Weise unterschätzt. Unter dem Sein, dem Gadamer einen Sprachcharakter zuspricht, müsse daher *alles* Sein verstanden werden: »Es umfasst die Sprache der Dinge ebenso wie die der Natur, die Sprache der Schönheit, der Bilder oder auch der Musik.« Dem Wortlaut nach kann sich Boehm auf Gadamer stützen, der zur Erläuterung seines eleganten Slogans schreibt: »So reden wir ja nicht nur von einer Sprache der Kunst, sondern auch von einer Sprache der Natur, ja überhaupt von einer Sprache, die die Dinge führen.«

Das aber ist seinerseits zu dunkel, um wahr sein zu können. Wenn alles, was ist, buchstäblich Sprache ist, verliert der Begriff der Sprache jede Kontur. Plausibler ist deshalb eine dritte Lesart, die das Sein in die *Perspektive* der sprachlichen Verständlichkeit rückt. »Sprachlich und damit verständlich ist das menschliche Weltverhältnis schlechthin und von Grund aus«, heißt es entsprechend bei Gadamer. Das verstehbare »Sein« ist somit keine von uns losgelöste Wirklichkeit, sondern eine im Medium sprachlicher Unterscheidungen handelnd und erkennend vollzogene *Weltbegegnung*. Diese eröffnet die Erfahrung einer Vielfalt von Sachen, über die wir uns miteinander verständigen können. Allein durch Sprache kommen wir zu einer reichhaltig *artikulierten* Welt.

Wenn Gadamer und mit ihm Boehm diese Artikuliertheit als »Sprache« bezeichnen, verwenden sie den Begriff metaphorisch für die Bestimmtheit und Bedeutsamkeit, die Gegebenheiten und Gelegenheiten für die menschliche Auffassung gewinnen – mag dies nun ein Sonnenaufgang, eine chemische Reaktion, ein Schraubenzieher oder ein Bild von Malewitsch sein. Der Umriss aber, den die Dinge und Ereignisse der Welt haben, ist an die Möglichkeit intersubjektiver sprachlicher Bestimmungen, also einer Kommunikation im eigentlichen Sinn gebunden. Alles, was überhaupt mit Bestimmtheit wahrnehmbar und erkennbar ist, ist allein aus Kontexten sprachlichen Verstehens zugänglich – so könnte eine Prosa-Übertragung des Gadamerschen Verses lauten.

Dieser spricht von einem Sein, das verstanden werden *kann*. Dieses »kann« erinnert uns daran, dass das, was grundsätzlich *verstehbar* ist, noch lange nicht *verstanden* ist. Denn Gadamers Leitsatz ist vollkommen damit vereinbar, dass vieles, womit wir handelnd und erkennend zu tun haben, unerkannt ist – und dauerhaft unverstanden bleibt.

Begegnungen mit Hans-Georg Gadamer,
hg. v. Günter Figal, Stuttgart 2000

18. Ein Durchschnitt des Schönen

Das war zu erwarten. Nachdem im Fahrwasser der »evolutionären Erkenntnistheorie« bereits Titel wie »Neuronale Ästhetik« oder »Neuronale Kunstgeschichte« kursieren, liegt nun ein Buch vor, das *Grundzüge einer evolutionären Ästhetik* verspricht. Klaus Richter will unser ästhetisches Verhalten von seinen biologischen Grundlagen her verstehen. Auf die Naturalisierung der Epistemologie und der Ethik folgt nun eine Naturalisierung der Ästhetik: Nicht der Geist, sondern das Gehirn legt die Bedingungen und Möglichkeiten unseres ästhetischen Gefallens fest. Eine Theorie, die unter »Ausschluss der ethologisch-neurophysiologischen Basis agiert«, so wird der bisherigen Ästhetik ins Stammbuch geschrieben, ist »uninteressant, denn sie ist unrealistisch«.

Richter geht es um den Nachweis, »dass Menschen zu allen Zeiten und in allen Kulturkreisen vergleichbare Schönheiten favorisierten«. In einer Durchsicht verschiedener Themenkreise möchte er ein »universell gültiges Alphabet ästhetischer Elemente« rekonstruieren. Das Ziel ist eine »universelle Grammatik der Ästhetik«. Diese soll nicht allein unser Geschmacksverhalten erklären, sie soll auch dazu beitragen, es zu optimieren. Denn aus den angeborenen Prinzipien ergibt sich für den Autor recht unmittelbar, welche Lebensumgebungen und Lebensgestaltungen dem Menschen »adäquat« sind.

Wie einst bei Schopenhauer und Adorno ist auch diese Ästhetik zugleich eine Ethik. Das ist verblüffend. Der Mensch scheint sich nicht immer an die Regularien zu halten, die ihm von Natur aus eingegeben sind. Doch der Autor beeilt sich, die Wogen zu glätten: »Einem unsichtbaren elastischen Band gleich, wird diese biologische Bedingtheit in uns das ästhetische Verhalten aus allen denkbaren Eskapaden heraus auf jene Ebene zurückziehen, die für unsere artgerechte und arterhaltende Befindlichkeit maßgebend ist.« Zu diesen Eskapaden zählen hier vor allem die Entwicklungen der modernen Kunst. Mit der Autorität eines Hans Sedlmayr, der nach dem Zusammenbruch des Dritten Reichs den künstlerischen und sittlichen *Verlust der Mitte* beklagte, wird nachgewiesen, dass Caspar David Friedrich ungleich »schöner« malte als der bloß »interessante« William Turner. Picasso, New York und das Hochgebirge werden ebenfalls dem Interessanten zugerechnet, im Unterschied zu »elementar als schön« empfundenen Hügellandschaften, lichten Mischwäldern und Porträts von Dürer. »Symmetrie ist in jedem Falle wohltuend« heißt es einmal, als könnte nicht gerade das Symmetrische, drinnen wie draußen, innerhalb wie außerhalb der Kunst, außerordentlich öde sein.

Obwohl Richter wiederholt vor den Gefahren des Reduktionismus warnt, verfährt er durchweg reduktionistisch. Er setzt die allgemeinen biologischen *Dispositionen* des geschmacklichen Verhaltens, über die er vieles Aufschlussreiche zu berichten weiß, mit verbindlichen ästhetischen *Orientierungen* gleich. Dies aber ist nicht nur methodisch unzulässig, da aus dem Sein nun mal kein Sollen folgt, es ist auch sachlich verheerend. Denn so sehr die ästhetische Attraktion in der Erfüllung tiefsitzender sensorisch-sinnhafter Erwartungen liegen kann – sie kann ebenso sehr in ihrer Überschreitung bestehen. Alle die »universalen Einheiten« der perzeptiven und kognitiven Erfassung, die Richter aus der aktuellen Forschung zusammenträgt, sind experimentell ermittelte *Durchschnittsreaktionen*, aus denen kein einziges *Urteil* über ästhetische Qualitäten folgt. Dass Gedichtzeilen durchschnittlich 2,5 bis 3,5 Sekunden lang sind, sagt überhaupt nichts über die Qualität eines Gedichts, das diese Länge hat oder nicht hat. Das ironische Gemälde *America's Most Wanted*, das die russischen Künstler Komar und Melamid 1994 nach repräsentativen statistischen Erhebungen über die piktoralen Vorlieben der Bevölkerung der USA angefertigt haben, ist ein außerordentlich steriles Gemälde – wie sogar diejenigen zugeben könnten, deren Vorlieben die zugrundeliegende Umfrage erfasst.

Zu ermitteln, was viele als schön empfinden, ist eines. Zu sagen, was schön oder nicht schön ist, ist etwas ganz anderes. Die zentrale Aufgabe einer philosophischen Ästhetik, die Richter beerben möchte, aber ist weder das eine noch das andere. Sie versucht zu sagen, worin der innere Sinn der ästhetischen Wahrnehmung liegt: wie und wozu wir unsere naturgegebenen Prägungen *ausspielen*, wenn wir sie zu ästhetischem Verhalten nutzen. Für die Weite dieses Spielraums hat diese neue Ästhetik nur wenig Sinn.

Klaus Richter, *Die Herkunft des Schönen. Grundzüge einer evolutionären Ästhetik,* Mainz 1999

19. Sind Werte wie Farben?

Der konstruktivistische Zeitgeist hat mittlerweile allerorten zu einer realistischen Gegenreaktion geführt. So auch in der Ethik. Vor allem in den angelsächsischen Ländern wird seit längerem über die Möglichkeit eines »moralischen Realismus« diskutiert. Dieser versucht Werte als Eigenschaften von Situationen und Handlungen zu verstehen, die vom Menschen erkannt oder verkannt werden können. Was in ethischer Bedeutung »gut« oder »schlecht« genannt wird, ist demnach keine Sache der Erfindung oder der Verabredung, der sozialen Willkür oder des individuellen Geschmacks. Wir projizieren nicht allein unsere Verhaltenserwartungen auf die menschliche Welt; wir nehmen eigenes und fremdes Handeln vielmehr als objektiv angemessenes oder unangemessenes Verhalten wahr.

Trotzdem ist es schwer plausibel zu machen, dass Werte unabhängig von unserem Wünschen und Wollen existieren sollen. Handelt es sich doch um Zustände, an deren Bestehen einigen, vielen oder allen etwas liegt oder doch liegen sollte. Ohne diese »subjektive« Perspektive auf Situationen und Handlungen, so scheint es, sind Werte überhaupt nicht zu denken. Darum, so hat es die moderne, von Kant und Nietzsche geprägte Moralphilosophie gesehen, ist der Weg zu einem »objektiven« Verständnis von Werten grundsätzlich versperrt.

Der britische, heute in Pittsburg lehrende Philosoph John McDowell jedoch hat einen ingeniösen Vorschlag gemacht, der das Schwanken zwischen Subjektivismus und Objektivismus zu überwinden erlaubt. Er regt an, Werte in einer Analogie zu Farben zu sehen. Für sich genommen ist dieser Vorschlag alles andere als originell. Liegt es doch ganz auf der Linie der empiristischen Tradition,

Werte ebenso wie Farben als Projektionen des menschlichen Verstandes aufzufassen, denen in der Welt nicht wirklich etwas entspricht. Diesen wohlvertrauten ethischen Anti-Realismus möchte McDowell jedoch in einen »Anti-anti-Realismus« verwandeln.

Dazu bedarf es eines veränderten Begriffs der Objektivität. Als objektiv können wir alles verstehen, was unabhängig von unserem Wahrnehmen und Erkennen besteht. Dies aber trifft nach McDowell auch auf die sogenannten »sekundären« Qualitäten wie zum Beispiel die Farben zu. Zwar ist ihre Erscheinung nur für einen Wahrnehmungsapparat wie den unseren gegeben – und insofern im traditionellen Verständnis »subjektiv«; dennoch aber haben sie eine Wirklichkeit unabhängig von den jeweiligen Vollzügen unserer Wahrnehmung. Dass dieses Telefon blau ist, bedeutet, dass es unter normalen Bedingungen von jedem beliebigen menschlichen Betrachter als blau klassifiziert werden müsste; es hat seine Farbe unabhängig davon, ob und wie diese Eigenschaft aktuell wahrgenommen wird.

Nun kann die umgestülpte Analogie greifen. Auch ethische Wertungen, sagt McDowell, verweisen auf Zustände, die einer Wahrnehmung durch beliebige Beteiligte offen stehen. Zwar bestehen sie nicht unabhängig von der *Sensibilität* moralisch sozialisierter Akteure, aber auch sie bestehen unabhängig von den einzelnen *Akten* dieser Sensibilität. Legt man ein liberales Verständnis von Objektivität zugrunde, demzufolge »eine Erfahrung sich auf eine objektive Realität bezieht, sofern ihr Gegenstand unabhängig von dieser Erfahrung besteht«, so sind tugend- oder lasterhafte Handlungen objektive Beschaffenheiten der Situationen, in denen sie sich zeigen.

Ein solches Argument *per analogiam* kann freilich nur überzeugen, wenn auch die Grenzen der Analogie deutlich werden. McDowell lässt hier nichts zu wünschen übrig. Die gravierende Disanalogie zwischen Farben und Werten liegt in dem Status der Perspektiven, aus denen wir sie erkennen. In der Farbwahrnehmung können wir uns trotz aller individuellen und kulturellen Differenzen auf eine physiologisch geteilte Sehfähigkeit stützen. In der moralischen Wahrnehmung und Wertung hingegen ist eine solche transkulturelle und transhistorische Basis nicht gegeben. Die Begründung eines ethischen Urteils betrifft daher immer zugleich die normative Perspektive, aus der es sich ergibt. Dem Anspruch auf Objektivität aber tut dies keinen Abbruch. Denn dass Verhältnisse unabhängig von unserem augenblicklichen Fürwahrhalten gut oder schlecht sind, heißt ja nicht, dass wir uns hierüber nicht uneins sein könnten. Es bedeutet nur, dass wir uns *mit Gründen* über ihre Verfassung streiten können.

John McDowell, *Mind, Value and Reality*,
Cambridge / Mass. 1998

20. Mut zur Unterstreichung

»Benjamin Italic statt Sperrungen einverstanden weil platz-sparend.« Diesen dunklen Satz kabelte Max Horkhei-mer, der Leiter des nach New York ausgelagerten *Instituts für Sozialforschung*, am 8. 4. 1936 an die Pariser Redaktion der Zeitschrift des Instituts. Das Telegramm bildete den versöhnlichen Schlusspunkt einer äußerst angespannten Verhandlung um die Druckfassung des französischen Texts von Walter Benjamins Aufsatz *Das Kunstwerk im Zeitalter seiner technischen Reproduzierbarkeit.* In letzter Minute, nach-dem alle politischen Streitpunkte aus der Welt geschafft waren, hatte Benjamin auf weitgehende formale Änderun-gen gedrängt; unter anderem sollten alle durch Sperrung erfolgten Hervorhebungen nun durch kursive Passagen – französisch *italiques* – ersetzt werden. Die entnervten Mitarbeiter beruhigte Horkheimer mit dem höchst prak-tischen Argument, dass dadurch 35 Zeilen eingespart würden.

Eigentlich aber, könnte man meinen, müssten die Phi-losophen ohne Unterstreichungen auskommen können. Denn, wie eine klassische Regel besagt: »In einer guten Prosa ist jedes Wort betont« – wenn auch nicht jedes ge-nauso wie die anderen. Diese Sentenz etwa hebt das Wort »Wort« durch seine Stellung am Ende des Satzes beson-ders hervor. Wie kommt es dennoch zu dem fast unent-wegten Gestikulieren mit gesperrten oder kursiven Wen-dungen, das für die gedruckte Rede der Philosophie heute wie gestern so kennzeichnend ist?

Neben der Unfähigkeit, rhythmisch klare Sätze zu bil-den, liegt eine Hauptursache in schierer Schlamperei. Viele der philosophischen Texte, die heute veröffentlicht werden, sind zuerst Vorträge oder Vorlesungen gewesen. Für die Vortragenden ist es dabei stets hilfreich, eine reich markierte Vorlage zu haben, die sie beim Sprechen unterstützt. Leider bleiben diese Markierungen im gedruckten Text oft einfach stehen, ganz gleich, ob diese Instrumentierung auch der schriftlichen Fassung bekommt. Hat man im deutschen Sprachraum einmal das Glück, wirklich einen Vortrag und nicht ein verstümmeltes Buchmanuskript zu hören, erhält man bei der Publikation zur Strafe ein Redemanuskript anstatt eines ausgefeilten Texts.

Aber es gibt auch ein sachliches Argument für typografische Unterstreichungen. Um viele Ecken herum stammt es von Platon. Der sah die Schwäche philosophischer Schriften in ihrer übermäßigen Duldsamkeit gegenüber den Launen der Leser. Darum versuchte er seine Dialoge jeder flüchtigen oder selektiven Lektüre gegenüber unzugänglich zu halten; sie sind durchweg gesperrt geschrieben, auch wenn sie keine einzige Sperrung enthalten.

Die heute verbreitete Technik der Kursivierung folgt einer veränderten Strategie. Sie versucht dem Leser die nach Meinung des Autors entscheidenden Passagen nachdrücklich vor Augen zu führen. Diese Leserlenkung kennt Gewichtskategorien wie sonst nur das Boxen. In der Nachfolge des Altmeisters Karl-Otto Apel dürfte im deutschen Sprachraum derzeit der Berliner Philosoph Volker Gerhardt der amtierende Champion sein. In seinem Traktat über *Selbstbestimmung* finden sich nicht nur zahllose kursive Sequenzen, innerhalb dieser Sequenzen werden die entscheidenden Worte oft nochmals im Fettdruck präsentiert. Das erinnert an die wilden siebziger Jahre, in denen Oskar Negt und Alexander Kluge in ihrem Buch über *Öffentlichkeit und Erfahrung* das tiefschwarze Wort erstmals in die Höhen der Theorie eingeführt haben.

Manche Leser haben das schon damals als Zumutung empfunden – bis sie sich daran erinnerten, dass ihnen dieser offensive Stil erst recht die Freiheit gibt, Widerstand gegen die Autorität der Autoren zu leisten. Schließlich hat es auch Kant und Nietzsche nur wenig genutzt, dass sie mit Sperrungen nur so um sich warfen: die Zweifel gerade an ihren stärksten Behauptungen sind darum nicht leiser geworden. Die ohnehin vergebliche Kontrolle über die Lesenden aber ist gar nicht die entscheidende Tugend dieser starken Gesten. Sie sind vor allem ein Zeichen intellektuellen Mutes. Wer Sätze und Sequenzen kursiv setzt, exponiert sich vor dem lesenden Publikum in einem gesteigerten Maß. Er hält mit seinen geheimsten Gedanken nicht hinterm Berg, taucht nicht in Fußnoten ab, weicht nicht in Anspielungen aus, flieht nicht in das Nirwana ungeschriebener Lehren, sondern riskiert offene Ablehnung, wo andere auf stillschweigende Zustimmung hoffen.

21. Lauter dritte Wege

Wer glaubt, Manifeste müssten an Kirchenportalen angeschlagen oder wenigstens auf Webseiten präsentiert werden, sieht sich dieser Tage eines Besseren belehrt. Auch Fachzeitschriften können ihnen als Forum dienen. Aus Anlass des 25jährigen Bestehens der *Allgemeinen Zeitschrift für Philosophie* hat der Berliner Philosoph Günter Abel ein Thesenpapier veröffentlicht, das der gelehrten Welt ein fünffaches Weder-Noch entgegenhält, um sie vor einer Verirrung in gleich zehn Sackgassen des Denkens zu bewahren. *Weder Absolutheitsanspruch noch Relativismus, weder Materialismus noch Mentalismus, weder Internalismus noch Externalismus, weder Kognitivismus noch Praktizismus, weder Letztbegründung noch Partikularismus* – so lauten die programmatischen Überschriften. Für die Philosophie sei es an der Zeit, sich in allen ihren Grunddisziplinen – in der Sprachphilosophie nicht weniger als der Theorie des Geistes, in der Ethik nicht weniger als in der Ästhetik – aus dem »Würgegriff« überlieferter Dichotomien zu befreien.

Soweit werden viele zustimmen können – und insoweit hätte es keiner neuen Deklaration bedurft. Denn es ist unter Berufsphilosophen nahezu ein Volkssport geworden, auf allen Gebieten zwischen »Essentialismus und Relativismus« hindurchzukommen, also die Suche nach einem letzten Wesen der Dinge aufzugeben und doch eine hohe Verbindlichkeit des Wissens und Wollens zu sichern. Die Preisfrage aber lautet, *wie* das geschehen kann. Hier hat Abel eine originelle Antwort parat, einfach deshalb, weil er versichert, auf alle Fragen *eine* Antwort parat zu haben. Es ist der Weg einer »Interpretationsphilosophie«, wie Abel sein eigenes Philosophieren nennt.

In seinen zahlreichen Publikationen (zuletzt *Sprache,*

Zeichen, Interpretation) versucht Abel zu zeigen, dass alle Weltverhältnisse immer bereits Interpretationsverhältnisse sind. Von Welt und Wirklichkeit kann demnach nur so die Rede sein, wie sie von uns auf unterschiedlichen Stufen angeeignet, gesehen, gedeutet wird. Wir haben die äußere Welt, uns selbst und die anderen längst so und so aufgefasst, bevor wir mit unseren Orientierungen in Schwierigkeiten geraten können. Daher, sagt Abel, gibt es keinen Raum für eine beunruhigende Kluft zwischen Subjekt und Objekt, Sprache und Welt, Geist und Materie, Ego und Alter – und damit keine Basis für die klassischen Alternativen, in die sich das Nachdenken über alle diese Verhältnisse aufgespalten hat.

Jedoch wird diese elegante Lösung nur erreicht, weil Abel den Begriff der Wirklichkeit mit dem einer begrifflich bestimmten Wirklichkeit gleichsetzt. Das Wirkliche aber ist gerade dadurch gekennzeichnet, dass es unser theoretisches und praktisches Bestimmen vielfach überschreiten und übersteigen kann. So sehr es durch uns vielfach *bestimmbar* ist, so wenig darf es auf eine Funktion unserer *Bestimmungen* reduziert werden. Außerdem muss Abel zugestehen, dass alles Interpretieren auf Leistungen basiert, die selber nicht den Charakter einer Deutung haben. »Wenn man ein Zeichen versteht, dann deutet man es und erklärt es nicht; man versteht es.« Auch dieses »direkte Verstehen« noch als eine Interpretation zu fassen, führt zu einer Aushöhlung des zentralen Begriffs. Am Boden dieser Philosophie steht ein handfester Pragmatismus, der dem von Nietzsche inspirierten Imperialismus des Interpretierens den Boden entzieht.

Unabhängig von diesen internen Problemen aber lässt sich zweifeln, ob grundsätzlich die Aussicht besteht, mit einem noch so genialen Gedanken durch alle Klippen des Philosophierens auf einmal hindurchsteuern zu können. Über weite Strecken liefert Abel ein kompetentes Referat gegenwärtiger Diskussionen, um dann jeweils »die

Interpretationsphilosophie« in Stellung zu bringen. Daraus ergibt sich mancher erhellende Hinweis, aber keine wirklich überraschende Einsicht. Denn ein Denken, das meint, im Besitz eines Universalschlüssels zu sein, schließt umstürzende Antworten von vornherein aus – Antworten, von denen nicht absehbar ist, wohin sie einmal führen werden. Das Abenteuer der Philosophie fängt richtig erst an, wo der Schlüssel verloren geht.

Günter Abel, »Probleme und Perspektiven der Gegenwartsphilosophie«, in: *Allgemeine Zeitschrift für Philosophie*, Jg. 25/2000, Heft 1

22. Zwei Musen der Analyse

Als im November 1997 in Southampton das »Centre for Post-Analytic Philosophy« gegründet wurde, hielt der in Oxford lehrende Bernard Williams die Eröffnungsrede. Dies war eine vorzügliche Wahl. Der vor allem für seine ethischen Publikationen bekannte Autor ist seit jeher ein scharfzüngiger Kommentator der philosophischen Szene. Außerdem hält er sich nach eigenem Bekenntnis nicht für einen analytischen Philosophen, obwohl die meisten, »die sich in der Sache auskennen«, wie er sibyllinisch anmerkt, ihn für einen solchen halten. In seinem Vortrag *Die Zukunft der Philosophie* wertete er das Etikett »post-analytisch« als Zeichen einer begrüßenswerten Auflösung der Frontstellung zwischen »analytischem« und »kontinentalem« Denken. Er nutzte die Gelegenheit zu einer Erkundung der »professionellen Identität« des Fachs.

Obwohl diese Rede jetzt als Erstveröffentlichung in dem führenden deutschsprachigen Philosophie-Journal erschienen ist, kommt sie in einer so betrüblichen Übersetzung daher, dass eine kurze Übertragung vom Deutschen ins Deutsche angebracht erscheint. Williams vertritt vier Thesen. Erstens: Philosophie ist weder Wissenschaft noch Konversation. Zweitens: Die Orientierung an Klarheit, Genauigkeit und Nachprüfbarkeit ist das Kennzeichen aller seriösen Philosophie. Drittens: Die Beachtung dieser Tugenden verlangt ein hohes Maß an Imagination. Viertens: Philosophie sollte fähig sein, ihr historisches Selbstverständnis zum Ausdruck zu bringen.

Die analytische Philosophie ist in den vergangenen beiden Jahrzehnten schon oft verabschiedet worden, aber, wie Williams meint, nur selten mit guten Gründen. So sei es irreführend, der vergeblichen Orientierung an den Standards naturwissenschaftlicher Forschung ein Modell der »Konversation« gegenüberzustellen, wie Richard Rorty es vorgeschlagen hat. Konversationen bewegen sich im Gelenk von Äußerungen wie »nun gut«, »das erinnert mich« oder »dabei fällt mir ein«. Ein philosophischer Austausch jedoch entwickelt sich im Scharnier von Ausdrücken wie »folglich«, »deshalb«, »aber« und dergleichen, also im Für und Wider von Argumenten. Wer die Philosophie vor engstirniger Begriffsklingelei bewahren will, muss daher anders ansetzen als die postmoderne Kritik am analytischen Denken. Er muss die Standards der klaren, genauen und kooperativen Reflexion so ernst nehmen, wie es keine an fremden Mustern geschulte Vorschrift vermag.

Die hohen Standards der analytischen Tradition, das ist Williams' zentraler Gesichtspunkt, kann nur ein Philosophieren erfüllen, das sich seiner Geschichte und seiner Sprache bewusst ist – ein Bewusstsein, das dem Mainstream dieser Tradition nur allzu oft mangelt. Dies ist ebenso sehr ein sachlicher wie ein stilistischer Einwand. In vielen Bereichen der Philosophie nämlich sind Stil und Sache überhaupt nicht zu trennen. »Lasst uns zuerst die Lösung finden und dann noch etwas Stil reinbringen« – nach dieser hemdsärmeligen Devise vollzieht sich originäre philosophische Erkenntnis nicht. Denn was Klarheit und Genauigkeit jeweils bedeuten und folglich: was jeweils als Lösung eines philosophischen Problems zählt, hängt stets vom Gewicht der Frage ab, die sich zu einer bestimmten Zeit in einer bestimmten intellektuellen Situation stellt. Diese Frage aber kann nur aufschlussreich sein, wenn sie sich in der Art ihrer Formulierung mit »Vorannahmen unseres Denkens und Fühlens« berührt, die sich aus Prozessen eines »geschichtlichen Verstehens« ergeben haben. Das Finden und Verfolgen solcher Fragen aber ist stets eine Sache der Expression und der Imagination – zweier Musen, die zu den Kardinaltugenden der Reflexion gehören. Nur eine Philosophie, die im sprachlichen »Klang« ihrer Werke die historische und gegenwärtige Bedeutsamkeit ihrer Probleme spürbar machen kann, sagt Williams, vermag ihre professionellen Standards zu erfüllen.

Damit rückt die Philosophie in eine interessante Nähe zur Literatur. Aber auch davon sollte sich niemand irre machen lassen. Denn so sehr Philosophie auch Literatur sein kann, »es gibt nur bestimmte Arten von Literatur, die sie sein kann«. Das sind diejenigen, die sich mit ihren Erfindungen auf die Suche nach wahren Sätzen begeben – nach Einsichten über unsere Sicht der Dinge, die für uns bisher nicht offensichtlich waren.

Bernard Williams,
»Die Zukunft der Philosophie«,
in: *Deutsche Zeitschrift für Philosophie*,
Jg. 48/2000, Heft 1

23. Verführung zur Begierde

Es gibt Philosophen, die uns durch das kunstvolle Gebäude ihrer Gedanken und solche, die uns durch die schiere Intensität ihres Denkens beeindrucken. Zu den letzteren gehört der Pole Leszek Kołakowski. Er sagt von sich, dass er weder eine Philosophie habe noch eine brauche; aber das ist ein Understatement. Was er nicht hat und nicht braucht, ist lediglich der zentrale Omnibus-Bahnhof, durch den alle seine Argumente nach Fahrplan hindurchgeschleust werden müssen. An Lust der Unterscheidung, Kraft der Synthese und Mut zur Position mangelt es seinem Denken keineswegs. Vor allem aber: Kołakowski schielt nicht – er sucht Halt weder an fremden Autoritäten noch an der Autorität des eigenen bisherigen Werks. Das ist selten.

Diese Unbefangenheit des Blicks beweist Kołakowski in einem kleinen Buch, das den ebenso schönen wie wahren Titel *Mini-Traktate über Maxi-Themen* trägt. Die meisten der fünfzehn Texte gehen auf Kurzvorträge zurück, die der Autor im polnischen Fernsehen gehalten hat. Was jetzt zu lesen ist, sind die Partituren audiovisueller Philosophie-Kolumnen. Sie handeln vom Luxus und von der Langeweile, von der Macht und der Gewalt, von der Tugend und der kollektiven Verantwortung. Mit aristotelischer Geste fängt Kołakowski stets bei geläufigen Ansichten über diese Dinge an, um nach und nach zu einem reicheren und klareren Verständnis zu gelangen. Dabei gibt es ein Leitmotiv, das einem in fast allen Glossen begegnet: der Glaube an die Neugier als einer bestimmenden Kraft des menschlichen Lebens.

Auf die Frage nach dem Grund des Vergnügens am Reisen erhalten wir die Auskunft: »Nein, nicht der Wissensdurst noch der Überdruss treiben uns, sondern die

Neugier, und die Neugier scheint ein ganz eigentümlicher, selbständiger Trieb zu sein.« Mit diesem Begehren ist beim Menschen jederzeit zu rechnen. »Neugierig sind wir nicht deshalb, weil uns unbekannte Dinge Befriedigung versprechen oder eine Bedrohung darstellen, der es zu begegnen gilt; neugierig sind wir einfach nur so.« Nach Kołakowski haben selbst die Kalvinisten dies anerkennen müssen. Denn sie haben zwar alle Verschwendung verdammt, aber das Streben nach Reichtum gefördert und damit die Menschen – »zur Begierde verführt«. Und sie haben gut daran getan. Denn in dem »Instinkt der Neugier« steckt die weitreichende Annahme, »dass die Welt, in der wir leben, *etwas wert ist*«.

Wie alles andere – ob Macht oder Freiheit, Tugend oder Gewalt – erweist sich aber auch die Neugierde als ein ambivalentes Phänomen. So ist Langeweile »der Preis, den wir zahlen, weil wir neugierig zu sein vermögen«. Eine Spannung zwischen dem Verlangen nach Risiko und dem nach Sicherheit macht sich auch hier bemerkbar. Sie entspringt derselben Quelle, an der sich die Neugierde mit ihren schönsten Beutestücken versorgt: der Zufälligkeit des Lebens. In der Aufforderung zur Anerkennung dieser Kontingenz liegt die eigentliche, im Kern politische Botschaft dieser Minima Moralia: »Um Menschen zu bleiben, müssen wir die Zufälligkeit des Lebens als unsere normale Bestimmung annehmen«, heißt es in einer Reflexion über Mathematik und Mystik. Und in der Betrachtung über den Ruhm fällt der Satz: »Bestünde unser Leben nicht in hohem Maße aus unvorhersehbaren Zufällen, so wäre es gänzlich uninteressant, obwohl andererseits wahr ist, dass der Zufall weit häufiger gegen uns als für uns arbeitet.«

Das mag für sich genommen wenig aufregend klingen, aber solche Nüchternheiten machen den Witz und die Weisheit dieser Reflexionen aus. Sie lassen jene Atmosphäre der Einfachheit entstehen, die so gar nicht ein-

fach ist – und in der doch, wie der Autor wiederum un-
spektakulär sagt, der wahre Luxus liegt. Kołakowski, er ist
jetzt 73, gehört zu jenen – wiederum seltenen – Philosophen, die einen Altersstil entwickelt haben, der Lässig-
keit mit Lakonie und beides mit sprachlicher Präzision
verbindet. Zweierlei kann man hier lernen. Erstens: Ori-
ginalität ist nicht originell. In der Philosophie kommt es
weniger auf die tolle These als auf eine überraschende
Verbindung vertrauter Gedanken an. Zweitens: Einheit ist
einseitig. Geschlossene, aus einem Guss konstruierte Theorien greifen zu kurz. Sie schließen ihren Gegenstand nicht
auf; sie schneiden ihn von den Abhängigkeiten und Am-
bivalenzen der Wirklichkeit ab. »In solchen Theorien wird
immer nach einem Schlüssel gesucht, der alle Türen öffnet, alle Fragen löst. Aber einen solchen Schlüssel gibt es
nicht.«

Leszek Kołakowski, *Mini-Traktate über
Maxi-Themen*, Leipzig 2000

24. Eine Mystik der Medien

Medientheorien gibt es heute viele, aber so eine hat die Welt noch nicht gesehen. Kaum haben wir uns daran gewöhnt, dass alles für alles ein Medium sein kann, kommt Boris Groys und legt noch einen drauf. Jedes Ding, das als Medium fungiert, sei es Papier, Leinwand, Computer, Sprache oder ein menschliches Gesicht, so führt der an der Hochschule für Gestaltung in Karlsruhe lehrende Autor in seinem neuen Buch aus, hat zwei Seiten: eine Medien-Oberfläche und einen Medien-Träger. Die mediale Oberfläche nehmen wir wahr, wenn wir etwas als Medium gebrauchen: Wir lesen einen geschriebenen Text, betrachten ein Gemälde, arbeiten am PC oder grüßen die Nachbarin. Dergleichen aber setzt einen medialen Träger voraus, der in diesem Gebrauch nicht in den Blick kommen kann: Wir missachten das Papier, die Leinwand, die Innereien des PCs und auch die Seele der Nachbarin können wir nicht erblicken. Aber ein solches Dahinter, ein »Inneres« oder »Unendliches« nehmen wir notwendigerweise an, wo wir es mit Medien zu tun haben. Zu jedem Medium gehört ein »submedialer Raum«, der sich unserem Wissen und Wollen geheimnisvoll entzieht.

Medien sind daher für Groys Objekte, die unter dem Verdacht stehen, »dass sich hinter allem Sichtbaren etwas Unsichtbares verbirgt, das als Medium dieses Sichtbaren fungiert«. Die Theorie der Medien ist ihm folglich die legitime Nachfolgerin der »klassischen Ontologie«, die »nach der Substanz, dem Wesen oder dem Subjekt« hinter der Welt der Erscheinungen fragt. Der Verdacht, dass unter jeder Oberfläche etwas Unfassbares waltet, lässt sich freilich nicht beweisen. Er nährt sich vielmehr aus einer immer wieder neuen mystischen Erfahrung, in der sich uns die »Wahrheit der Medien« offenbart. Im Augenblick dieser Erfahrung gilt nicht länger, was ansonsten »prinzipiell« der Fall ist, dass nämlich der »submediale Raum« für die Benutzer eines Mediums unzugänglich ist. Vor allem die asketischen Objekte der avantgardistischen Kunst sind es, die uns einen Einblick in das tiefere Wesen der Welt gewähren. Sie machen, wie es bei Marshall McLuhan noch ohne offenbarungstheologische Konsequenzen hieß, das Medium zur Botschaft. Sie lassen die profane Welt in einem »Glanz der Unendlichkeit« erscheinen.

Dieses starke Stück theoretischer Fantasiearchitektur präsentiert Groys mit dem Charme eines ausgewiesenen Connaisseurs der neuesten Theorien und Künste – und zugleich mit dem Pokerface eines versierten Performance-Künstlers, der alle (auch sich selbst) darüber im Unklaren lässt, ob er an den Sinn seiner Sätze glaubt. Die Rolle eines Helge Schneider der Medientheorie ist dieser Tage ein begehrtes Fach; Boris Groys beherrscht es. Sicherheitshalber aber möchte ich so humorlos sein, wenigstens zwei der gewagten Prämissen zu nennen, die dieses Buch tragen – nur für den Fall, dass jemand Theorie mit Comedy gleichsetzen sollte.

Da ist einmal die Unterscheidung zwischen der profanen Welt des täglichen Lebens und den heiligen Hallen »der Archive«. »Jede kurze Visite im schlechtesten Museum der Welt ist tausendmal interessanter als alles, was man während eines langen Lebens in der so genannten Wirklichkeit zu sehen bekommt.« Kein schlechter Slogan für angeschlagene Kunsthäuser. Groys' zentrale Behauptung freilich ist, dass man den Träger eines Mediums nicht wahrnehmen kann, solange man das Medium gebraucht. »Wenn wir ein Gemälde in einer Gemäldegalerie sehen«, so lautet die Begründung, »dann sehen wir die Leinwand, die dieses Gemälde trägt, nicht.« Ganz abgesehen davon aber, dass es von Tintoretto bis zu Cézanne und darüber hinaus viele Bilder gibt, bei denen die Leinwand durchscheint, ist dieser Befund nicht haltbar. Denn

Bilder können nach einer bekannten Analyse von Richard Wollheim überhaupt nur wahrgenommen werden, wenn die Aufmerksamkeit eine zwischen Bild-Medium und Bild-Darbietung »geteilte« Aufmerksamkeit ist: wenn wir die Erscheinungen, die das Bild *zeigt*, von denen unterscheiden können, die es *ist*. Das Dahinter, das Groys zum Objekt eines permanenten »Verdachts« verklärt, ist kein mysteriöses »Wesen«, es ist selber Erscheinung. Diese »Phänomenologie der Medien« nimmt es mit den Phänomenen nicht so genau. Das darf sie auch nicht, da sie ein metaphysisches Bedürfnis befriedigen möchte. Es gehört zu den Blüten des Zeitgeistes, dass die negative Theologie neuerdings im Gewand der Medientheorie unterwegs ist.

Boris Groys, *Unter Verdacht. Eine Phänomenologie der Medien*, München 2000

25. Kleine Pronomenkunde

»Jetzt kann er ich sagen«, überschrieb der Kritiker Peter Hamm im Jahr 1972 seine Rezension des neuesten Buchs von Peter Handke. In der Erzählung *Der kurze Brief zum langen Abschied* hatte Handke zum ersten Mal eine autobiografische Vermutungen nahelegende Ich-Figur benutzt, die er auf eine Reise zu sich selbst quer durch die Vereinigten Staaten schickte. Auch im philosophischen Schreiben ist der Übergang von der dritten zur ersten Person ein wichtiger Schritt. Denn in philosophischen Texten – seien es Seminarpapiere oder gelehrte Studien – wollen wir nicht allein lesen, was dieser oder jener (in der bisherigen Philosophie vorwiegend männliche) Geist dachte, sondern auch, was davon zu halten ist. Dazu aber braucht es welche, die ihre eigene Meinung dagegenhalten. Am deutlichsten geschieht das im Gebrauch der Pronomina »ich« oder »mir«. Ohne den Mut zu einem »ich (dagegen) meine« oder »mir (dagegen) leuchtet ein« ist die Position philosophischer Autorschaft nicht zu besetzen. Sie steht nur denen zu Gebot, die nicht nur anderes Denken zu referieren, sondern, im Austausch mit diesem, selber zu denken vermögen.

Aber muss das so auffällig geschehen? Muss man mit dem eigenen Ich herumfuchteln, wenn es doch um die Formulierung allgemeiner Einsichten geht? Der ersten grammatischen Maxime – Wo »er« stand, soll »ich« stehen – steht darum nicht zufällig eine zweite gegenüber. Sie stammt von Walter Benjamin. »Wenn ich ein besseres Deutsch schreibe als die meisten Schriftsteller meiner Generation«, erklärt er in seiner *Berliner Chronik*, »so verdanke ich das zum guten Teil der zwanzigjährigen Beobachtung einer einzigen kleinen Regel. Sie lautet: das Wort ›ich‹ nie zu gebrauchen, außer in Briefen.« In Abhandlungen wie in Essays, meint Benjamin, kommt es darauf an, die behandelten Sachen so plastisch wie möglich erscheinen zu lassen. Der Schleier des Meinens raubt dem Gemeinten unnötig Licht und Kontrast. Das volle Niveau der philosophischen Schriftstellerei hätte demnach erst erreicht, wer die eigene Position ausdrücken kann, ohne sich selbst dabei ins Bild zu rücken.

Wo »ich« stand, soll »es« stehen, könnte jetzt die Regel lauten. Das Subjekt der philosophischen Rede soll nicht der Autor, sondern die von ihm angesprochene Sache sein. Man kann die Differenz der beiden Schreibweisen gut an Nietzsche und Hegel demonstrieren. Macht der eine die Windungen und Wendungen seines *Denkens* publik, lässt der andere den *Geist* auf Entdeckungsreise gehen. Auch der objektive Ton aber ist nicht ohne Gefahr. Er verleitet zu der geschwollenen Attitüde, die dargelegten Verhältnisse könnten gar nicht anders dargelegt werden. Ein gut geschriebener Text hingegen hält in Erinnerung, dass er seine Sache im Medium einer individuellen *Ansicht* der Sache präsentiert. Wir haben hier die in Stilfragen höchst seltene Situation, dass ein Kompromiss die beste Lösung ist.

Die Praxis eines sparsamen, aber unübersehbaren »ich«-Gebrauchs ist jedoch nicht die einzige Form, den Dogmatismus eines objektiven oder subjektiven Stils zu brechen. Eine klassische Lösung bietet der philosophische Dialog – sei es, wie beim frühen Platon, im Format der äußeren, sei es, wie beim späten Wittgenstein, in dem der inneren Rede. Weitere Möglichkeiten bietet das »wir«. Die geringste unter ihnen ist der Pluralis Majestatis, mit dem sich der Autor auf einen morschen Sockel stellt. Besser ist da schon ein gelegentlicher rhetorischer Schulterschluss mit den Lesern. »Wie wir gesehen haben« klingt oft weniger autoritär als ein »Es hat sich gezeigt«. Ganz unverzichtbar ist darüber hinaus das sachliche »wir«, das Autor und Leser an einen gemeinsamen Ausgangspunkt führt. Es erinnert an Lebenslagen und Probleme, die der Autor mit seinen Lesern zu teilen glaubt. Auch wenn es grammatisch an der Subjektstelle steht, ist dieses Wir nicht das Subjekt, sondern vielmehr das eigentliche Objekt der philosophischen Reflexion.

»In philosophischen Texten«, so habe ich oben geschrieben, »wollen wir nicht einfach lesen, was dieser oder jener Geist dachte.« Der Satz behauptet, dass dies ein Interesse ist, das alle teilen, die große, kleine oder winzige philosophische Schriften lesen. Die Leser dieser Zeilen müssten also, wenn diese Behauptung zutrifft, eben das Interesse haben, aus dem sich das Problem dieser Kolumne ergibt. Dies wäre die Voraussetzung dafür, dass sie dem zustimmen könnten, was der Autor in seinem Namen über diese Sache sagt.

26. »– es lebe der Realismus!«

Auf den ersten Blick scheint die Differenz zwischen dem philosophischen Realismus und seinen Gegnern klar. Realisten sind alle, die der Welt eine von unserem Erkennen unabhängige Verfassung zusprechen, an der sich die Wahrheit unserer Aussagen bemisst. Anti-Realisten dagegen sind alle die, die den Begriff des Wirklichen auf die eine oder andere Weise an die Formen oder Verfahren unseres Fürwahrhaltens binden. Auf den zweiten Blick aber sieht alles ganz anders aus. Im Lager der Anti-Realisten tummeln sich Idealisten, Instrumentalisten und Pragmatisten, die sich nur darin einig sind, dass die Rede von einer ansichseienden Wirklichkeit unverständlich ist. Unter den Realisten wiederum finden sich nicht wenige, die den Gedanken einer unserem Erkennen vorausliegenden Welt *zusammen* mit der Möglichkeit ihrer sei es begrenzten oder unbegrenzten, sei es realen oder idealen Erkennbarkeit zu erläutern versuchen. Sobald aber die *Unabhängigkeit* der Welt von unserem Denken in begrifflicher *Abhängigkeit* von unserem Erkennen erläutert wird, bricht die Alternative zwischen realistischer und antirealistischer Philosophie zusammen.

Diese Geschichte vom Zusammenbruch einer ehrwürdigen Differenz lässt sich einem von Marcus Willaschek herausgegebenen Band zum Thema *Realismus* entnehmen. Er versammelt zentrale Texte aus der angelsächsischen Diskussion der letzten drei Jahrzehnte – unter anderem von Donald Davidson, Richard Rorty, Michael Dummett, Simon Blackburn und Crispin Wright. Im Mittelpunkt steht der mit zwei Beiträgen vertretene Hilary Putnam, der die Bandbreite realistischer Positionen ein Leben lang ausgelotet hat – und dies nicht nur in der theoretischen, sondern auch in der praktischen Philosophie.

Nachdem er zunächst einen harten Realismus vertreten hatte, formulierte er um 1980 einen »internen Realismus« mit stark idealistischen Zügen und bekennt sich nun zu einem »direkten Realismus«, der die Kluft zwischen Geist und Welt aus der Welt schaffen will.

Mit Kant und dem frühen Wittgenstein nimmt Putnam an, dass wir uns über die Tatsachen der Welt nicht unabhängig von einer Beschreibung dieser Tatsachen Rechenschaft geben können. Entsprechend ist der Begriff einer Tatsache an einen Begriff ihrer Behauptung als Tatsache gebunden. So gewiss es Tatsachen gibt, die nie beschrieben worden sind und niemals (mehr) beschrieben werden können, so gewiss kann die natürliche Welt nicht als eine fertige Ordnung von Tatsachen verstanden werden, die schon vor aller Beschreibung festgelegt wäre. Denn »vor aller Beschreibung« ist keine Ordnung von Tatsachen denkbar. Daher müssen wir die Realität im Einklang mit dem Common Sense als das verstehen, was von zutreffenden Beschreibungen unterschiedlich erschlossen werden kann – ohne die sinnlose Frage nach einer »wirklichen Ontologie« der Welt zu stellen. Im Unterschied zu Rorty jedoch, der damit das ganze *Problem* für erledigt hält, möchte Putnam den metaphysischen Realismus »in realistischem Geist überwinden«.

»Der Realismus ist tot – es lebe der Realismus«: mit dieser Botschaft tritt Putnam den streitenden Parteien entgegen. Mit Widerstand muss er rechnen. So entwirft Thomas Nagel ein Gedankenexperiment, das Zweifel an der begrifflichen Abhängigkeit von Realität und Erkennbarkeit säen und damit die gute alte Alternative zwischen Realismus und Antirealismus wiederherstellen soll. So können wir uns eine Welt vorstellen, die von Wesen bevölkert ist, die nur die Intelligenz eines menschlichen Neunjährigen besitzen, denen unsere besten Theorien unzugänglich bleiben müssen; aber wir können uns auch Erkenntnissubjekte denken, die unsere Erkenntnisfähigkeit weit übersteigen. Für Nagel besteht daher aller Grund zu der Annahme, dass die Wirklichkeit unsere Erkenntnisfähigkeit prinzipiell übersteigt. Diese radikale Differenz von Sein und Denken soll einen kompromisslosen Realismus retten.

Es ist aber gerade die von Nagel als »idealistisch« gebrandmarkte *Überbrückung* dieser Differenz, die von seinem Experiment bestätigt wird. Denn es zeigt einmal mehr, dass wir Realität nur aus Bedingungen ihrer möglichen Erkennbarkeit begreifen können – wie klug oder superklug wir das beteiligte Denkvermögen auch konzipieren mögen. Ohne einen wenigstens denkbaren Zugang zum Wirklichen ist das Wirkliche nicht zu denken.

Marcus Willaschek (Hg.),
Realismus, Paderborn 2000

27. Horkheimers Problem

Es dürfte kaum ein erschütternderes Dokument philosophischer Verzweiflung geben als die Vorlesungen, die Max Horkheimer 1944 an der Columbia University in New York gehalten und 1946 unter dem Titel *The Eclipse of Reason* veröffentlich hat (und später in einer deutschsprachigen Sammlung *Zur Kritik der instrumentellen Vernunft*). Horkheimers kritische Abscheu gilt dem, was er die »subjektive Vernunft« nennt; diese mache alle Zwecke zu Mitteln, indem sie sie allein danach bewerte, welcher Nutzen ihnen entspringen könne. Hiervon unterscheidet Horkheimer eine »objektive Vernunft«, die in der Lage wäre, Ziele und Zwecke *überhaupt* als gut zu erkennen, unabhängig davon, ob sie zufälligen subjektiven Neigungen entsprechen. Jedoch musste der Philosoph sich und seinen Hörern eingestehen, dass der Glaube an eine solche absolute Auszeichnung des Guten unwiederbringlich verloren sei. Anders als sein virtuoser Partner Adorno, der immer noch den Trumpf der Kunst im Ärmel hatte, deckt der redliche Horkheimer alle seine Karten auf – Karten, von denen er weiß, dass sie nicht stechen.

So ist es kein Wunder, dass Horkheimers Lamento in der heutigen Rationalitätstheorie keine Rolle mehr spielt. Das Problem aber bleibt. Dies lässt sich an einem neuen, von Stefan Gosepath instruktiv zusammengestellten Sammelband über Theorien praktischer Rationalität erkennen. Er enthält wegweisende Beiträge aus der jüngeren Diskussion – von Amartya Sens Entlarvung der »rationalen Trottel«, die die Theorien der Ökonomen bevölkern, über Christine Korsgaards Verteidigung eines Kantischen Vernunftbegriffs bis hin zu Ursula Wolfs Einführung in die Raffinessen der Willensschwäche. Der Titel gebende Dreiklang *Motive, Gründe, Zwecke* markiert das Spannungsfeld der Diskussion. Im rationalen Verhalten werden vorhandene Motive mit guten Gründen in aussichtsreiche Zielsetzungen verwandelt – so sagen die einen. Gegen diese »internalistische« Lesart, die praktische Gründe in subjektiv vorgegebenen Wünschen verankert sein lässt, spricht freilich eine »externalistische« Deutung. Diese will es umgekehrt zulassen, dass subjektive Motive auf objektiven Gründen basieren können. Dieser Streit, wie er hier exemplarisch von Bernard Williams und Thomas Nagel ausgetragen wird, lässt sich nur schlichten, wenn man die Grundlagen subjektiver Überzeugungen über die beste Handlungswahl klärt.

Den natürlichen Ausgangspunkt einer Theorie praktischer Rationalität bildet die Perspektive eines beliebigen Subjekts, das mit Hilfe der eigenen Überlegung in eine möglichst günstige Lage gelangen will. Aus einer solchen Perspektive hatte schon Platon für den Vorteil einer moralischen Lebensführung zu argumentieren versucht; nur ihr seien echte Freunde und Freuden erreichbar. Wenn es gelingt zu sagen, was für einen Beliebigen gut ist, kann es auch gelingen zu sagen, welches Gut gegenüber allen Beliebigen moralisch und politisch geschützt werden muss. Damit dies aber gelingen kann, muss sich auch das vernünftige Verhalten selbst als etwas im Ganzen gesehen Gutes ausweisen lassen. Für den Herausgeber Gosepath ist das kein Problem: »Ein Interesse an Vernunft und Rationalität ist ein Interesse an Begründungen, Aufklärung, menschlicher Emanzipation, an Befreiung von unbewusstem und offen zutage tretendem Zwang und an Autonomie.«

Das hätte auch Horkheimer gerne gesagt, obwohl er es in Ermangelung eines unverdächtigen Vernunftbegriffs nicht geradeaus sagen konnte. Warum aber, fragt Gosepath weiter, sollten wir dieses Lebensinteresse haben? Seine Antwort lautet: Weil wir so unsere Wünsche alles in allem am besten befriedigen können. Diese Antwort hätte

Horkheimer mit Emphase verworfen. Das Vernünftige, so wäre es ihm erschienen, wird hier einmal mehr auf das Nützliche, auf die bloße »Subjektivität des Selbstinteresses« reduziert.

Jedoch ist Gosepaths Auskunft gar nicht so subjektivistisch wie sie sich gibt. Denn mit ihr wird nicht nur gesagt, was mir oder dir am meisten entgegenkommt, sondern was die beste Form eines menschlichen Lebens ist. Sie bezieht sich auf etwas, das *überhaupt* gut ist, unabhängig davon, wonach es dich und mich gerade verlangt. Das ist ein Argument genau der Art, wie Horkheimer es benötigt hätte, das er aber nicht finden konnte, weil er es außerhalb der Reichweite des subjektiven Beliebens finden wollte. Der Fehler war, das Gute unabhängig von dem Wünschen und Wollen der Menschen ausmachen zu wollen, anstatt es in der freien Verfassung ihres Wünschens und Wollens zu suchen.

Stefan Gosepath (Hg.), *Motive, Gründe, Zwecke. Theorien praktischer Rationalität*, Frankfurt/M. 1999

28. Woraus besteht die Welt?

»Bis heute war jedes Jahrzehnt besser als das davor, obwohl mir klar ist, dass es nach der Lage der Dinge nicht ewig so weiter gehen kann.« Das ist der exhibitionistische Schlusssatz einer intellektuellen Autobiografie, die ansonsten von einer unendlichen Folge einflussreicher *papers* handelt, nur unterbrochen von einer endlichen Folge wohlgeratener Kinder, die nebenbei auch noch gezeugt werden konnten. Die Rede ist von Sir Peter Strawson, dem die renommierte *Library of Living Philosophers* kurz vor seinem 80. Geburtstag einen Band gewidmet hat. Diese Ehre – die übrigens nach Ernst Cassirer bereits Hans Georg Gadamer zuteil geworden ist – ist vollkommen verdient. Strawson zählt zu den seltenen Köpfen, von denen man sagen kann, die gesamte Philosophie stünde ohne sie anders da – nicht nur diese oder jene Disziplin, nicht nur dieser oder jener philosophische Stil. Vielleicht ist das gerade deshalb so, weil Strawson im Unterschied zu vielen anderen Großen des Fachs jeder revolutionäre Gestus fehlt; er strebt nicht nach Umsturz, sondern nach einer Klarheit im Einzelnen, die langfristig sehr viel umstürzender ist.

Gerade die deutsche Philosophie verdankt Strawson viel. Mit seinem zuerst 1966 erschienenen Kommentar zur *Kritik der reinen Vernunft* (*The Bounds of Sense*) hat er nicht weniger als eine Globalisierung des kantischen Diskurses bewirkt. Indem er entschlossen nach der Plausibilität von Kants Argumenten fragte und alles verwarf, was ihm als unnötiger Systemzwang erschien, hat er dem nach seiner Einschätzung »bedeutendsten Werk der modernen westlichen Philosophie« auch im angelsächsischen Kontext eine herausragende Stellung verschafft. Wenn heute ein ungebrochener Empirismus und Naturalismus in die Defensive geraten ist, so geht dies nicht zuletzt auf Strawsons Einfluss zurück.

Auch den ungebrochenen Realisten macht Strawson das Leben nicht eben leicht. Einer von ihnen ist John Searle, der in seinem Buch über *Die Konstruktion der gesellschaftlichen Wirklichkeit* (vgl. Nr. 7) die »Korrespondenztheorie der Wahrheit« zu rehabilitieren versucht hat, der Strawson in den fünfziger Jahren einen weithin akzeptierten Todesstoß versetzt hatte. Seine Einwände gegen Strawson bringt Searle in dem Sammelband noch einmal vor. In einer kurzen Replik räumt Strawson ein, dass die Idee einer Korrespondenz zwischen Gedanke und Welt in einem trivialen Sinn unbestreitbar ist. Denn niemand würde den folgenden Satz bestreiten, der eine eingängige Beziehung zwischen einer Aussage und einem Ereignis formuliert: »Die Aussage, dass Napoleon die Schlacht von Austerlitz gewonnen hat, ist wahr genau dann, wenn Napoleon die Schlacht von Austerlitz gewonnen hat.«

Aber wem oder was »korrespondiert« eine solche Aussage, mit der ein historisches Ereignis zutreffend festgehalten wird? Nun, sagt Searle, sie korrespondiert der Tatsache, die in ihr festgehalten wird. Was unsere Sätze wahr macht, sind Zustände der Welt, im Licht derer sich Aussagen als wahr oder falsch erweisen. Diese Tatsachen stellen die Wahrheitsbedingungen der Aussagen bereit, die ihnen entsprechen. Das würde bedeuten, dass die Welt aus Tatsachen besteht, die gleichsam darauf warten, im Format wahrer Aussagen erkannt zu werden.

Diese eingängige Konstruktion nimmt Sir Peter mit wenigen Worten auseinander. Wenn wir etwas eine Tatsache nennen, meinen wir, es sei *tatsächlich* so, wie ein Satz es sagt. Eine Tatsache ist nichts weiter als der Inhalt einer wahren Überzeugung. So sehr Tatsachenbehauptungen von der Welt handeln, die behaupteten Tatsachen sind nicht selbst von der Welt. Im Unterschied zu konkreten Vorgängen sind Tatsachen abstrakte Gegenstände; sie *be treffen* einen realen Zustand oder ein reales Geschehen, ohne selbst ein Vorkommnis in der Welt zu sein. Die *Tatsache*, dass Napoleon die Schlacht gewann, ist nun einmal nicht dasselbe wie die *Schlacht*, die Napoleon gewann. Die Welt, sagt Strawson, besteht aus Dingen und Ereignissen. Über deren Verhältnisse können wir uns richtig oder falsch ins Bild setzen. Den »Bildern« aber, die wir dabei mit Worten und Sätzen zusammenstellen, entsprechen keine Wesenheiten in der Welt. Sie sind unsere Leistung, durch die wir erkennen, was mit uns und um uns herum der Fall ist.

Lewis Edwin Hahn (Hg.), *The Philosophy of P. F. Strawson*, Chicago / Lasalle 1998

29. Der große Diktierer

Es war ein kühler Sommerabend im Juli 2000, als nach einem meditativen Vortrag über das Wesen der philosophischen Wahrheit ein kluger Zuhörer höflich die boshafte Frage stellte, ob denn das Reden über Philosophie überhaupt zur philosophischen Rede gehöre. Leider war keiner da, der den Spieß gedankenschnell umgedreht hätte. Denn immer schon handelt das philosophische Sprechen von der Möglichkeit philosophischen Sprechens.

Warum das so ist, wird in den Anekdoten und Glossen deutlich, die jetzt aus dem Nachlass von Hans Blumenberg erschienen sind. Sie erzählen vom Leben der Philosophen – von ihren Problemen und Posen, ihren Verfehlungen und Obsessionen, ihren Irrtümern und Einsichten. Da das Philosophieren ein Tun ist, das ohne festen Boden auskommen muss, muss es sich seines Standpunkts fortwährend versichern. Es kann seiner Sachen nur habhaft werden, indem es nach einer passenden Sprache für diese Sachen sucht – und das heißt: indem es sich andauernd selbst zum Thema macht. Stoff für Komödien und Tragödien bietet diese Lage reichlich. Neben Wittgenstein, Freud und vielen anderen steht Heidegger im Mittelpunkt von Blumenbergs Recherchen. Mit Faszination und Abscheu beobachtet der Chronist, wie der Mann aus Meßkirch mit dem Gestus einer hochmütigen Demut zu einem Star der Philosophie avanciert. Ein Glanzstück des Bandes wendet Alfred Hitchcocks Theorie des *suspense* auf das Denken des Meisters an. Das von Heidegger beschworene »Sein« entpuppt sich als ein Äquivalent jenes ominösen, *MacGuffin* genannten Geräts, mit dem man Löwen in den Adirondacks fängt, in denen es bekanntermaßen keinerlei Löwen gibt.

Hier wie auch sonst hat Blumenberg einen untrüglichen

Blick für den Kampf gegen die Unbestimmtheiten der Welt und ihrer Theorie. Von ihm können die Philosophen nicht lassen, obwohl sie ihn verlieren müssen. Die Erfahrung der Unbestimmbarkeit erweist sich als das Schicksal gerade der modernen Welt, die angetreten war, alle dunklen Winkel des natürlichen und sozialen Kosmos auszuleuchten. In der Vermessung dieser Grenzen der Erkennbarkeit ist das schmale Buch an Erkenntnissen reich.

Dennoch bleibt ein Unbehagen, das einen auch bei den großen Werken Blumenbergs – bei der *Arbeit am Mythos* aus dem Jahr 1979 etwa oder beim Lesen der *Lesbarkeit der Welt* von 1981 – befallen kann. Die Sprache dieser Schriften nämlich geht oft eigenartig umständliche Wege, zu den guten Pointen muss man nicht selten durch ein Geröll von Füllwörtern hindurch. Warum das so ist, erläutert Blumenberg in seinen nachgelassenen Papieren selbst. Er schreibt nicht, er lässt schreiben. Seine Publikationen sind überarbeitete Diktate. Er sieht sich damit in einem globalen historischen Trend zurück zu den Ursprüngen; schließlich hätten auch die griechischen Denker nicht selber zur Feder gegriffen. »So erweist sich das Selberschreiben als bloße Episode zwischen den weisheitsgemäßen Epochen des Schreibenlassens.«

Wenn das mal keine Täuschung ist. »Fast alle Schriftsteller, die diktieren, leiden an Logorrhöe«, notierte Raymond Chandler einmal. Das wird man Blumenberg nicht vorwerfen können – obwohl er die Absicht, auf mehr Text zu kommen als die mit der Hand arbeitenden Kollegen, keineswegs verschweigt. (Das Blumenberg-Archiv hat noch reihenweise Manuskripte auf Vorrat.) Laut Blumenberg hat der, der schreiben lässt, den entscheidenden Vorteil, sein Manuskript bei der ersten Lektüre »mit anderen Augen« zu sehen. Das ist jedoch bei denen, die selber schreiben, kaum anders. Der einmal abgefasste Text begegnet auch ihnen ganz anders als die im Schreiben entstehenden Sätze. Es dürften wohl eher die Handarbeiter sein, die denen, die sich auf Lippendienste beschränken, produktionstechnisch überlegen sind. Denn sie sind von Anfang an mit dem Ausarbeiten und Durcharbeiten eines *Textes* befasst. Texte aber haben eine ganz andere Organisationsform als die innere oder äußere Rede. In dieser darf sich und muss sich vieles »versenden«, weil weder Sprecher noch Hörer bei der Anordnung der Worte verweilen können. Texte dagegen dürfen und müssen bündiger sein, weil die Leser eine andere Zeit mit ihnen verbringen. Solchen literarischen *drive* aber kriegt keiner nachträglich in seine auf Band gesprochenen Ideen hinein.

Hans Blumenberg, *Die Verführbarkeit des Philosophen*, Frankfurt/M. 2000

30. Sehen ist nicht gleich Wissen

Das nenne ich Mut. Der französische Kunsthistoriker Georges Didi-Huberman wirft der eigenen Zunft ein ganzes Buch lang vor, sie habe vergessen, was es heißt, vor einem Bild zu stehen. Er erhebt diese Anklage ausgehend von einer Betrachtung eines um 1440 gemalten Frescos von Fra Angelico. In hoher Vereinfachung stellt es die Szene der Verkündigung aus dem Lukas-Evangelium dar. Jeder geübte Betrachter wird diese Szene sofort identifizieren und in die Stilistik der toskanischen Malerei des 15. Jahrhunderts einordnen können. Vielleicht, sagt der Autor, wird ihn eine gewisse Enttäuschung über die Leere des Bildes befallen. Es wird von dem Weiß des Gewölbes im Bild-Hintergrund beherrscht, das sich kaum von dem Anstrich der Wände der Zelle des Florentiner Klosters San Marco unterscheidet, in der es im diffusen Halblicht eines kleinen Seitenfensters gemalt worden ist. Die »dunkle Unmittelbarkeit« dieses Bildes muss eine Wissenschaft verfehlen, die allein darauf aus ist, seine Themen und Bedeutungen sichtbar zu machen.

Für Didi-Huberman unterliegt die Profession hierbei einer »Tyrannei des Sichtbaren«, die längst zur allgemeinen Gewohnheit der Wahrnehmung historischer Bilder herabgesunken ist. »Es genügt, in der Kirche ein Geldstück in diese Opferstöcke der neuen Art gleiten zu lassen, um bei zweihundertfünfzig Watt den Altar eines alten Meisters zu sehen und zu meinen, man erfasse ihn so besser, als wenn man ihn etwas weniger genau, aber dafür etwas länger in jenem Halbschatten betrachten würde, für den er gemalt wurde.« Als Therapie schlägt der Autor eine »Philosophisierung« der Kunstgeschichte vor. Sie sollte der »szientistischen Illusion« entgegen wirken, in Bildern nur einen Code zu sehen, der entschlüsselt werden kann. Wenn ihre Anstrengung nicht auf eine »Liquidation der Kunst« hinauslaufen soll, muss sie nach den Grenzen des Wissens fragen, die sich in der Wahrnehmung jedes künstlerischen Bildes auftun. Didi-Huberman bemüht Freud und Lacan als Kronzeugen dafür, dass wir angesichts der Wirklichkeit eines Bildes – wie auch der Choreografie eines Traums – jederzeit mit einem »Riss« im Kontinuum des Begreifbaren rechnen müssen. Wir machen die Erfahrung, nicht zu wissen, was wir da sehen und nicht zu sehen, wovon wir glaubten, dass wir es wüssten.

Ich bin nicht sicher, ob sich die Kunstwissenschaft dem Geschehen des Bildes gegenüber wirklich so ignorant verhält. Ausnahmen jedenfalls lassen sich leicht finden. Etwa Max Imdahl, der abweichend von Didi-Hubermans Lieblingsgegner Erwin Panofsky eine »Ikonik« des Bildes entwickelt hat, die sich als eine »auf das Bildanschauliche selbst bezogene Anschauungsweise« versteht. Aber wie dem auch sei, Didi-Hubermans philosophische Kur enthält Einsichten, die es wert sind, unabhängig von der Berechtigung seiner Attacke festgehalten zu werden.

Die *Präsentation* eines Bildes, so lautet die wichtigste, muss von seiner *Repräsentation* unterschieden werden. Ein künstlerisches Bild geht nicht darin auf, was es einem kundigen Betrachter erzählt, als was es lesbar und deutbar ist. Es macht *sich* zu einem Schauplatz der heterogenen Energien, die in seine Entstehung eingegangen sind und die seine Erscheinung prägen. Das dominierende, aus dem Dämmer heraustretende Weiß des Freskos von Fra Angelico steht weniger für eine bestimmte Auffassung der gemalten Szene; vor allem gibt sie ihr den Schauer eines Geheimnisses zurück. Der Widerstreit zwischen Dargebotenem und Darbietung, resümiert Didi-Huberman, ist keine Erfindung der modernen Malerei, sondern »so alt wie die Bilder selbst«. Das visuelle Geschehen eines Bildes darf nicht auf die in ihm sichtbaren Bedeutungen reduziert werden.

Mit dieser Differenz kämpft der Autor gegen einen verbreiteten Aberglauben an. »Wir sehen nur, was wir wissen«, lautet ein Slogan, dem man dieser Tage in so manchem Universitäts-Flur als Inschrift auf einem Poster begegnet. Dahinter steht die sich für reflektiert haltende Naivität von Leuten, die glauben, alles und jedes als Fertigprodukt des menschlichen Geistes auffassen zu dürfen. Wäre das zutreffend, so könnten wir die Malerei als Kunstform vergessen; wir könnten ihr das von ihr feilgebotene Wissen abkaufen und uns das Sehen schenken. Dem aber widerspricht die Erfahrung der Bilder innerhalb – und übrigens auch außerhalb – der Kunst. Sie führt das Wissen, das unser Sehen leitet, in ein Sehen, das sich in keine Ordnung des Wissens fügt.

Georges Didi-Huberman, *Vor einem Bild*,
übers. v. R. Werner, München 2000

31. Risiken der Moraltheorie

Über Moralphilosophie zu schreiben, bemerkt Bernard Williams zu Beginn seiner zuerst 1972 erschienenen Einführung in die Ethik (*Der Begriff der Moral*), ist eine besonders riskante Angelegenheit. Zum einen werde die eigene Unzulänglichkeit hier viel deutlicher als auf allen anderen Feldern der Philosophie; zum andern bestehe hier die Gefahr, die Leser in wichtigen Fragen in die Irre zu führen. »Der ersten Gefahr sind sehr wenige Autoren entgangen, der zweiten hingegen sehr viele, und zwar dadurch, dass sie es einem entweder unmöglich machen, sie ernst zu nehmen, oder sich strikt davor hüten, über irgend etwas Wichtiges zu schreiben, oder beides miteinander kombinieren.« Seit dieser furiosen Eröffnung hat Williams immer wieder vor einer Selbstüberschätzung der philosophischen Ethik gewarnt. Wohl könne sie klären, was moralische Orientierung sei und wie sie sich zu anderen Orientierungen verhalte, aber sie solle sich nicht einbilden, leitend in das ethische Leben eingreifen zu können. Sie gehöre weniger zur Avantgarde als vielmehr zur Arrièregarde des moralischen und politischen Lebens.

Der in Chicago lehrenden Philosophin Martha Nussbaum geht diese Zurückhaltung aus professionellen und politischen Gründen gegen den Strich. In einem 1997 in Wien gehaltenen Vortrag rechnet sie mit dem von Williams angeführten Defätismus in Sachen ethischer Theorie ab. Die Kritiker, sagt Nussbaum, haben ein falsches Bild moralischer Theorie, dem eine gravierende Unterschätzung ihres Nutzens entspringt. Eine richtig verstandene Moraltheorie errichtet kein starres System von Regeln, mit dem man an der Lebenspraxis nur scheitern kann. Sie entwickelt und begründet vielmehr allgemeine Hinsichten der moralischen Beurteilung, die eine sensible

Anwendung moralischer Regeln zu leiten vermögen. So kann es ihr gelingen,»die Durchschnittspraxis auf ein höheres Niveau zu heben.«

Das stärkste Argument für dieses starke Zutrauen findet Nussbaum in der Beobachtung, dass unser Alltagsleben bereits voller Theorien über das Gute steckt. Ihre Qualität aber ist häufig dubios. Einige handeln von der Minderwertigkeit von Schwarzen oder Frauen, von der Macht der Sterne oder von der Erhabenheit des Krieges. Eine philosophische Moraltheorie braucht es schon deshalb, um solchen abstrusen Vorstellungen nicht das Feld zu überlassen – und das heißt: um der Vernunft in der Regelung der menschlichen Beziehungen eine Chance zu geben. Dazu sind »explizite, abstrakte und systematische Vorschläge« nötig, die öffentlich entwerfen, was ein gerechtes Miteinander unter den Menschen sein könnte. Wie zu Sokrates' und Kants Zeiten muss sich die Moraltheorie auch heute zutrauen, normative Begriffe des Guten und Gerechten zu entwickeln, mit denen Tyrannei und Fairness auseinander gehalten werden können.

Das alles kann man nur unterschreiben; dennoch macht Nussbaum einem die Zustimmung schwer. Reihenweise schreibt sie Sätze, die ihrem eigenen Begriff einer liberalen Moraltheorie widersprechen.»Die Theorie dient der moralischen Erziehung der Kinder als Richtschnur, so daß diese hoffentlich weniger schlechte und dafür mehr gute Gedanken hegen, sobald sie ihr eigenes Leben zu führen beginnen.« Hier plustert sich die Ethik zu einer Generalgouvernante auf, die für alles und jedes einen Ratschlag parat hat. Die umfassende Moraltheorie aber, die in allen Lebenslagen Bescheid weiß und Bescheid gibt, gehört selber zu den Verirrungen, vor denen man sich in Acht nehmen sollte.

Für den von Nussbaum hervorgehobenen kritischen Sinn der ethischen Theorie genügt es völlig, den *Gesichtspunkt* der moralischen Beurteilung möglichst plausibel herauszuarbeiten. Was aus diesem Gesichtspunkt im einzelnen folgt, kann die philosophische Reflexion zwar exemplarisch erkunden, nicht aber in die feste Gestalt einer »übersichtlichen Ordnung« bringen. Viele konkrete Antworten müssen der moralischen Praxis – und *ihrer* Reflexion – überlassen bleiben, wie die Aristotelikerin Nussbaum eigentlich wissen sollte. Wo sie wider besseres Wissen nach der Rolle einer Erzieherin der Menschheit greift, erliegt sie einer weiteren Gefahr des ethischen Diskurses: dem moralisierenden Kitsch.

Martha C. Nussbaum, *Vom Nutzen der Moraltheorie für das Leben,* übers. v. J. Schulte, Wien 2000

32. Ontologie am Ornitorinco

Mit 584 Seiten ist dieses Buch entschieden zu dick. Da es sich um ein Werk von Umberto Eco handelt, der hier vom Genre des Romans wieder zu dem der Theorie gewechselt ist, könnte man denken, das liege an der Fabulierlust des Autors. Aber das wäre nur die halbe Wahrheit. Der Umfang ist Ausdruck eines schlechten Gewissens. In einer Fußnote gesteht Eco den Lesern, in früheren Büchern – insbesondere in seiner zuerst 1975 erschienenen *Semiotik* – habe er »die falsche Vorstellung in die Welt gesetzt«, auf das Problem der Bezugnahme komme es in der Theorie der Zeichen nicht weiter an. Doch mit unseren diversen Zeichen beziehen wir uns häufig auf eine Welt, die nicht einfach Wachs in den Händen unserer Zeichenbildung ist. So sehr die Gehalte, die wir mit Worten und Sätzen verbinden, ein kulturelles Erzeugnis sind, diese Interpretationen finden eine »Grenze« an den Objekten, auf die sie sich beziehen. Von dieser Grenze handelt das neue Buch. Es soll die früheren Arbeiten dadurch ergänzen und korrigieren, dass es neben der weitreichenden Regie der »Semiose« auch der widerständigen Macht des »Seins« Anerkennung zollt.

Es ist aber stets misslich, ein Buch zu schreiben, um ein anderes ins Recht zu setzen. Durch dieses Verfahren ist Eco gezwungen, seinen Meinungen treu zu bleiben, anstatt der Freiheit seines Denkens treu zu sein. Das Ergebnis ist ein Schlingerkurs, bei dem das eigentlich plausible Ziel immer wieder aus dem Blick gerät. Eco versucht seinen semiotischen Konstruktivismus mit einem zusätzlichen Realismus auszustatten, um daraus, wie er verlegen und darum ironisch sagt, einen »Vereinbarungsrealismus« zu gewinnen. Er orientiert sich dabei an Kant, der ja ebenfalls Konstruktivist *und* Realist zu sein versuchte. Und er erzählt die Geschichte von der Entdeckung des Schnabeltiers, das sich den Klassifikationen der Naturforscher so gar nicht fügen wollte.

Obwohl es bereits 1798 aktenkundig wurde, konnte dieses wie eine Bricolage aus Vogel, Reptil und Säuger wirkende Tier erst 1884 verlässlich eingeordnet werden: als ein »Kloakentier«, das Eier legt und doch ein Säuger ist. Wie die sprichwörtliche »eierlegende Wollmilchsau« schien das noch heute in Australien heimische Ornitorinco, wie es schließlich getauft wurde, in keine der bewährten biologischen Einteilungen zu passen. Das ist ein schönes Beispiel für die Widerspenstigkeit der Natur gegenüber den Zuschreibungen, mit denen wir sie zu erkennen versuchen. Das »Kontinuum der Erfahrung«, folgert Eco, weist »Tendenzlinien« auf, die bei aller Freiheit der Kategorienbildung nicht übergangen werden können. An dem bizarren Tier muss »etwas gewesen sein, das den Forscher daran hinderte, es als Wachtel oder Biber zu bestimmen«.

Bei allen Versuchen der erkennenden Festlegung von etwas, so lautet daher das Credo des Buchs, macht sich »das Sein« bemerkbar. Es kommt unseren Schematisierungen entgegen oder widersteht ihnen. Bemerkbar aber macht es sich nur, wenn etwas durch Begriffe erfasst werden soll. Es kann also nicht unabhängig von unserer Zeichenpraxis gedacht werden, sondern allein als eine »Resistenz« ihnen gegenüber. Es ist, wie Eco sagt, das »Vorgegebene«, auf das wir überall stoßen, wo wir Gegebenes zu erkennen versuchen.

Dieser Dualismus von Sein und Semiose jedoch verdirbt die Moral der Geschichte vom Schnabeltier. Wer das Bezeichnen in eine Konfrontation mit der rohen Wirklichkeit des Bezeichneten schickt, muss einen plausiblen Begriff der Bezeichnung verfehlen. Denn was hat den Streit über die Einordnung des abnormen Tiers entschieden? Nun, es stellte sich heraus, dass es ein Eierleger *und* ein

Säuger ist. Wer hier fragt, ob diese Entscheidung eine Konsequenz des »Seins« oder der »Begriffe« war, stellt die falsche Frage. Denn ohne die fraglichen Begriffe hätte es an diesem Gegenstand gar nicht zu einer Entscheidung kommen können. Unsere Begriffe haben Konsequenzen nur *zusammen* mit den Objekten, für die sie Begriffe sind. Die »Resistenzlinien«, auf die die Versuche der Bezeichnung stoßen, sind nicht irgendwo vorgezeichnet, sie bilden sich *mit* den Versuchen der Bezeichnung aus. Das Sein ist keine Sache »hinter« den bislang unterschiedenen Sachen, es ist einfach die Vielfalt der vielfältig unterscheidbaren Sachen.

Umberto Eco, *Kant und das Schnabeltier*,
übers. v. F. Herrmann, München 2000

33. Aufrichtige Überredung

Die besten Einführungen in das Denken bedeutender Philosophen stammen in der Regel von diesen selber. In ihrem Oeuvre findet sich meist eine kleinere Schrift, die allen didaktischen Bemühungen um die Pflege ihres Werkes um Längen voraus ist. So ein Buch ist die Essaysammlung von Richard Rorty, die jetzt unter dem saloppen Titel *Philosophie & die Zukunft* erschienen ist. Hier lernt man das biografische und intellektuelle Profil des Autors kennen. Frei von akademischer Behutsamkeit nimmt er Vereinfachungen vor, die man keinem über Rorty schreibenden Autor durchgehen lassen würde. Die frohe Botschaft seines fortschrittsgläubigen Pragmatismus ist nirgends so klar zu vernehmen wie hier. Sie wird in einer nicht enden wollenden Kette von Alternativen entfaltet, mit der dem alten metaphysischen Autoritätsglauben ein ums andere Mal eine neue philosophische Freizügigkeit gegenüber gestellt wird.

Das könnte einem auf die Nerven gehen, aber seltsamerweise tut es das nicht. Das liegt daran, dass diese Alternativen alle so irreführend sind, dass man sich als Leser sofort aufmacht, einen anderen als den vorgeschlagenen Weg zu gehen. Rorty ist ein Meister der sokratischen Technik, interessante falsche Behauptungen aufzustellen, bei denen man es einfach nicht bewenden lassen kann. Machen wir ein paar Proben!

Seine Generaldevise lautet »Selbsterschaffung statt Widerspiegelung«. Wir sollen uns nicht an einem imaginären Wesen der Dinge orientieren, sondern um eine möglichst reichhaltige Erfindung unserer selbst bemühen. Die »phantasievollen Neubeschreibungen«, die hierzu (innerhalb wie außerhalb der Wissenschaft) berufen sind, müssen freilich »nützlicher« und »besser« sein als die Darstellungen, an deren Stelle sie treten. Woran aber lässt sich dieser Nutzen ermessen? Doch wohl nur daran, was – unter den jeweils gegebenen Umständen – wünschbar und machbar ist. Auch von den neuen Beschreibungen dürfen und müssen wir erwarten, dass sie ebenso aufschlussreich wie zutreffend sind. Mit dem Verzicht auf das Streben nach der Einen Wahren Beschreibung der Welt, für den es gute Gründe gibt, verschwindet also nicht das Bedürfnis nach wahren Beschreibungen.

Seiner generellen Devise stellt Rorty eine globale Therapie zur Seite. »Der gemeinsame Einfluß von Hegel und Darwin ließ die Philosophie von der Frage ›Was ist der Mensch?‹ zur Frage ›Was können wir versuchen, aus uns zu machen‹ übergehen.« Das aber, was wir aus uns *machen* können, hängt wiederum davon ab, was wir aus uns machen *können* – in der doppelten Bedeutung dessen, was wir technisch *vollbringen* und was wir sinnvollerweise *wollen* können. Wie Rorty ganz richtig bemerkt, steht keins von beiden ein für alle Mal fest. Aber auf beides können wir nur eine Antwort erhalten, wenn wir stets von neuem die Frage stellen: Wer wir – und in welcher Lage wir – *sind*.

Ferner empfiehlt Rorty den Philosophen, nicht dem fruchtlosen Ideal selbstloser Wahrheitssuche anzuhängen, sondern sich schlicht und ergreifend um *open-mindedness* zu bemühen. »In diesem Sinne ist die Liebe zur Wahrheit einfach intellektuelle Neugier.« Auch das ist nicht geradewegs verkehrt. Denn die Toleranz, durch die sich eine »umgängliche Gesprächsbereitschaft« auszeichnet, basiert in der Tat darauf, dass keiner glaubt, die Wahrheit gepachtet zu haben. Nur wer das nicht glaubt, wird bereit sein, sich kritisieren zu lassen. Wodurch aber? Doch nur durch Einwände, von denen er erkennt, dass sie möglicherweise wahr sind. Um die Illusion eines sicheren *Besitzes* der Wahrheit zu durchschauen, bedarf es eines starken Begriffs der *Wahrheit*.

Die schärfste Provokation, die Rorty bereithält, liegt aber

nicht in den falschen Alternativen, sondern in der glatten Leugnung einer Alternative. Die der Philosophie seit Platons Zeiten heilige Unterscheidung zwischen Überzeugung und Überredung hält er für entbehrlich. Es reiche völlig aus, zwischen »aufrichtiger« und »unaufrichtiger« Überredung zu unterscheiden. Rorty könnte sich hier auf Wittgenstein berufen, der seinen Studenten gegenüber einmal bekannte, dass auch er nur überreden könne. »In einem gewissen Sinn mache ich Propaganda *für* einen Denkstil und *gegen* einen anderen. Ich verabscheue den anderen ehrlich. Außerdem versuche ich zu sagen, was ich denke.« Was aber tut jemand, der das sagt, was er denkt, und der hiermit die anderen zur Übernahme seiner Ansicht zu bewegen versucht? Er versucht zu überzeugen. Er tut dies im Unterschied zu jemandem, der sein Publikum mit *irgendwelchen* Ansichten zu einer Meinung zu bringen versucht, von deren Verbreitung er sich Vorteile verspricht. Der Unterschied zwischen aufrichtiger und unaufrichtiger Überredung ist just der zwischen bloßer Überredung und ernsthafter Argumentation, den Rorty vorlaut für witzlos erklärt. Darin liegt ein nicht allein persönlicher und politischer, sondern ein versteckter sachlicher Grund dafür, dass Rorty diese Sammlung keinem anderen widmet als – Jürgen Habermas.

Richard Rorty, *Philosophie & die Zukunft*,
übers. v. M. Grässlin, R. Kaiser, Ch. Mayer u.
J. Schulte, Frankfurt/M. 2000

34. Am Gipfel der Erkenntnis

Für jeden Philosophen ist es dann und wann schmerzlich zu erfahren, dass es neben ihm alle möglichen anderen Philosophen gibt, die alles ganz anders machen. Nicht dass sie andere Meinungen haben, ist das Ärgerliche, denn das ließe sich ja früher oder später beheben; diese Menschen betreiben eine ganz andere Philosophie. Da ist das Bedürfnis verständlich, endlich einmal einen neuen Anfang zu finden, der alle auf einen gemeinsamen Boden stellt. Liest man die Vorworte zu berühmten Werken der Philosophie, so findet man in ihnen häufig die Ankündigung, dass das eigentliche Philosophieren erst jetzt beginne. Dieses Pathos aber hat keines dieser Bücher vor dem Schicksal bewahrt, als eines unter vielen in den Kanon der klassischen Texte einzugehen.

Was ist falsch an der Erwartung, es könne und dürfe nur eine wahre Philosophie geben? Das ist die Frage, der der Leipziger Philosoph Richard Raatzsch in einem ebenso subtilen wie witzigen Essay nachgegangen ist. Neben Einführungen, die für Anfänger geschrieben sind, gibt es solche, die sich vorwiegend an die bereits Abgebrühten wenden. Zu diesen gehört das Büchlein von Raatzsch. Es möchte seine Kundschaft mit der Tatsache anfreunden, dass Wahrheit in der Philosophie nicht auf eine, sondern auf viele Weisen gesucht und gefunden werden kann. Jede Philosophie, die sich allein für die wahre hält, so lautet die Botschaft, steht in einem Widerspruch zur Wahrheit der Philosophie.

Zentral für diese Diagnose ist die Unterscheidung zwischen Einstellung und Einsicht. Philosophische Einsichten und Argumente können nur aus bestimmten Einstellungen heraus gewonnen werden, die ihrerseits nicht auf Argument und Einsicht beruhen. Solche Sichtwei-

sen, mit denen theoretische Einsichten untrennbar ver-
knüpft sind, ergeben sich daraus, was die Philosophierenden umtreibt, woran ihnen liegt und was sie reizt – und
das ist bei unterschiedlichen Köpfen nun einmal nicht
dasselbe. Raatzsch empfiehlt daher, eine gewisse »Will-
kürlichkeit« philosophischer Perspektiven anzuerkennen.
Kein einzelner philosophischer Ansatz, sei er noch so
weitreichend, bedeutet dies, vermag einen schlechthin
verbindlichen Zugang zu repräsentieren. Solche Ansätze sind überhaupt nicht wahr oder falsch, sie sind produktiv oder unproduktiv: sie eröffnen ein mehr oder weniger reiches Feld an überzeugenden Argumenten und
tragfähigen Einsichten. Es gibt die einzig richtige philosophische Einstellung so wenig wie es die einzig richtige
malerische Ansicht eines visuellen Gegenstands gibt. Eine
endgültige wahre Philosophie – sei es auch nur: der Musik oder der Zahlen –, das wäre so, als wollte jemand das
vollständige Bild eines Kürbisses malen. Philosophie kann
vielfach kritisiert und bereichert, nicht aber vollendet werden.

Raatzsch treibt diese entspannende Doktrin allerdings
so weit, dass der ganze Konflikt zwischen unterschiedlichen philosophischen Arbeitsweisen unverständlich wird.
Er konstatiert, dass man »auf verschiedene, ja einander
ausschließende Weisen richtig philosophieren kann«. Damit aber droht die Einheit des Philosophierens verloren
zu gehen, jene »Wahrheit der Philosophie«, die Raatzsch
gegen die Anmaßung einer »wahren Philosophie« ins
Recht setzen will. Wenn jeder einfach nach seinem Stie-
fel philosophieren kann, gibt es keine Philosophie. Wodurch unterschiedliche Philosophien einander »ausschließen«, dies kann allein die Besonderheit ihrer *Zugänge* sein,
nicht aber die Allgemeinheit der aus ihnen gewonnenen
Einsichten. Diese Einsichten, wenn es denn welche sind,
müssten von jeder Einstellung aus akzeptiert werden können. Für fremde Einsichten offen zu sein, ist somit ein

entscheidender Test für die Produktivität philosophischer Einstellungen.

Anders als die Wahrheit der gesuchten Sätze jedoch ist die Richtigkeit der gefundenen Ansätze stets eine Sache des Grades. Im Blick auf die jeweiligen Phänomene kann eine philosophische Einstellung mehr oder weniger aufschlussreich sein. Mehr als ein solches Mehr kann auch die beste nicht erreichen. Da alle Produktivität Begrenzung bedeutet, kann es keine Philosophie geben, die alle produktiven Hinsichten in sich vereinigen könnte. Jede einzelne kann nicht anders als aspekthaft und damit einseitig sein. Die Philosophie, so scheint es, muss mit einer ebenso ernüchternden wie erleichternden Einsicht leben: Das höchste Erkennen liegt im Erkennen der Einseitigkeit auch des höchsten Erkennens.

Richard Raatzsch,
Philosophiephilosophie, Stuttgart 2000

35. Die tägliche Dosis Wahn

Zuletzt war die Szene in dem Film *Shakespeare in Love* zu sehen: Von der Liebe entflammt, schreibt der jugendliche Held mit fliegender Hand das unvergessliche Stück über die Liebe. So stellt sich das Kino den produktiven Vorgang gerne vor: als einen ideellen, in der Regel erotisch beflügelten Rausch. Empirisch dürfte das wenig wahrscheinlich sein. Wer sich in akuter Begeisterung befindet, hat meist Besseres oder Schlechteres zu tun, als sich ans Werk zu machen. In Jean Pauls *Vorschule der Ästhetik* von 1804 heißt es deshalb: »Keine Hand kann den poetischen, lyrischen Pinsel fest halten und führen, in welcher der Fieberpuls der Leidenschaft schlägt.« In seinen *Vorlesungen über die Ästhetik* spottet auch Hegel über die Ansicht, das künstlerische Genie sei aus Quellen eines vorbewussten Enthusiasmus tätig, in den es sich selber zu versetzen wisse, »wobei denn auch des guten Dienstes der Champagnerflasche nicht vergessen ward«.

Die schlichte Inspirationstheorie des kreativen Tuns, sagen Jean Paul und Hegel mit Recht, ist blind für das hohe Maß an Selbstkontrolle, ohne das keine künstlerische oder gedankliche Artistik auskommt. Allerdings erklärt das nicht, wieso gerade die produktivsten Geister heute wie gestern ein inniges Verhältnis zu diversen Drogen pflegen. War doch Hegel selber kein Kind von Traurigkeit. Schopenhauer schrieb ihm verächtlich eine »Bierwirtsphysiognomie« zu, doch seine mit Goethe geteilte Leidenschaft galt dem Wein (der mit dem Bier war Jean Paul). Wer weiß, ob *Wahrheit und Methode* je erschienen wäre, hätte sich Hans-Georg Gadamer in der günstigen Lage seiner Heidelberger Zeit nicht ebenfalls den Wein erschlossen. Kants Leidenschaft galt dem Senf, bei anderen sind es Kaffee und Tabak, ganz zu schweigen der neuer-

dings in Mode gekommenen Droge der Geschwindig-
keit. Der heutige Literat, dem Nikotin und Koffein ent-
wöhnt, holt sich seinen Kick auf einer staufreien Auto-
bahn, im ICE oder in Flugzeugen, wobei auch des guten
Dienstes der neuesten Musikanlagen nicht vergessen wird.

Der einfachen Inspirationstheorie steht eine ebenso
einfältige Kompensationstheorie gegenüber. Ihr Stich-
wort stammt von Wilhelm Busch: »Wer Sorgen hat, der
hat Likör.« Die Krise, in der sich der schaffende Geist
naturgemäß befindet, müsse unter Einsatz von Sucht-
mitteln gelindert werden. Am deutlichsten hat Raymond
Chandler dieser Version widersprochen: Er trinke seinen
Whiskey nicht, um sein Leben in den Griff zu kriegen,
bemerkte er, sondern um sein Schreiben in Gang zu halten. Der Alkohol kompensiert kein existentielles Leiden,
er hilft, das literarische Feld zu bestellen. Wodurch aber?
Indem er die Automatik der Imagination, indem er den
erwartbaren Fluss der Dinge unterbricht. Nicht zur Ins-
piration, nicht nur Kompensation, zur Interruption der
Arbeit am Text braucht es die tägliche Dosis Wahn.

Unsere Genies im aktiven Dienst müssen dringend verhindern, dass es bei ihrer Arbeit wie von selber geht. Das
Schreiben in Gang halten, wie Chandler sagt, bedeutet in
ihrem Fall, dem Text nicht seinen erwartbaren Gang zu
lassen. Die Schreibenden müssen von der geraden Bahn
abkommen, um auf die gewagte Bahn zu geraten, der ihr
ganzes Sinnen und Trachten gilt. Dafür brauchen sie den
einen oder anderen gefährlichen Stoff. Was aussieht wie
ein Verlust der Selbstkontrolle, ist in Wahrheit ein Akt
der kreativen Selbstbeherrschung, über den sie, wenn es
gut geht, die Kontrolle behalten. Der Einsatz von Rausch-
mitteln dient der Steuerung der Kräfte, oder genauer: der
Gegen-Steuerung gegen die beharrenden Kräfte, die sie
im Schreiben bewegen.

Darum werden die Schriftsteller von ihren Süchten
so schnell nicht lassen. Der Drink oder die Zigarette

lockern den Grund, auf dem ein Satz wachsen kann. Schön, wenn auch ein Pfefferminztee es tut, doch auch der bereitet seinen Dienst nur in einer letztlich ungesunden Dosis. Was die Schreibenden zum Schreiben brauchen, sind nicht Nahrungs-, sondern Erschütterungsmittel: Substanzen, die die kunstvollen Kreise des schaffenden Geistes durch einen kurzen somatischen Angriff heilsam zerstören. Nur was den Schreibenden nicht bekommt, bekommt ihrem Schreiben. Es ist gut, die richtigen Mittel immer im Haus zu haben. Damit sie wirksam bleiben, empfiehlt sich wie bei allen Medikamenten ein sparsamer Gebrauch. Zu Risiken und Nebenwirkungen fragen Sie Ihren Arzt oder Kritiker.

36. Der Geist und das Ganze

Die Philosophie hat ein neues Zauberwort. Von der Wissenschaftstheorie bis zur Philosophie des Geistes macht der »Holismus« Karriere. Doch solche Worte leben gefährlich. Man denke nur an das ehemals auratische Wörtchen »Dialektik«. Einst leistete es wahre Wunderdienste, doch plötzlich war es mausetot. Nun also »Holismus«. Schon hört man allenthalben die bequeme Floskel, bei dieser oder jener verwickelten Angelegenheit handle es sich eben um holistische Strukturen. Lässt sich der Begriff noch retten, bevor ein inflationärer Gebrauch ihm den Garaus macht?

Eine Theorie des Geistes beispielsweise argumentiert holistisch, wenn sie annimmt, dass die Überzeugungen, die jemand hat, ihren Gehalt nur in Abhängigkeit von seinen übrigen Überzeugungen haben. Jede einzelne Meinung gewinnt ihre Bedeutung demnach aus den Beziehungen, in denen sie zu anderen Meinungen steht. Nach einem Vorschlag von Robert Brandom, dessen Wälzer über *Expressive Vernunft* so manchem noch bevorsteht, sind diese Beziehungen als Relationen des *Schließens* zu verstehen. Überzeugungen können einander enthalten, einander stützen oder einander ausschließen. So enthält die Meinung, dass es in Hamburg regnet, die Überzeugung, dass es eine Stadt dieses Namens gibt; sie stützt die Vermutung, dass dort die Straßen nass werden; sie schließt die Annahme aus, dass dort die Sonne scheint. Auf diese Weise sind, dem Holismus zufolge, alle unsere Meinungen miteinander vernetzt. Der menschliche Geist ist nicht eine Ansammlung isolierter Daten, sondern ein dynamisches Ganzes von Gedanken.

Entwickelt wurde diese Auffassung in Zurückweisung einer Abbildtheorie des Geistes, bei der das Verhältnis von Gedanke und Realität im Vordergrund steht. Ihr zufolge gewinnen Überzeugungen ihren Inhalt je für sich aus ihrem Bezug auf die Welt. Diese Theorie hat jedoch große Schwierigkeiten zu erklären, wie diese Beziehung zu Stande kommt. Denn wie kann sich eine Überzeugung auf ein *bestimmtes* Stück Wirklichkeit beziehen, wo sie doch alles andere *unbestimmt* lässt? Hier verfügt die holistische Deutung über eine überlegene Antwort. Sie versteht die Bestimmtheit einer Überzeugung aus ihrer Stellung zu vielen weiteren Überzeugungen. Jedoch führt diese Überlegenheit geradewegs in ein neues Dilemma. Denn wenn unsere Überzeugungen ein System bilden, wie kann man dann überhaupt *eine* Überzeugung haben oder verändern, ohne zugleich alle anderen mit in Betracht zu ziehen? Wie können verschiedene Personen einander überhaupt verstehen, obwohl sie doch niemals genau dieselbe Menge von Meinungen haben?

Den hier drohenden Weg nach Absurdistan möchte der Konstanzer Philosoph Michael Esfeld versperren, indem er dem »Überzeugungs-Holismus« einen »sozialen Holismus« zur Seite stellt. Inspiriert von Brandom, versteht Esfeld unter sozialem Holismus die Auffassung, dass das Denken und die in ihm enthaltenen Gedanken ihren Ort in den Praktiken des sprachlichen Austauschs haben. Die Fähigkeit, sich gegenüber anderen auf eigene Überzeugungen festzulegen, ist mit normativen Ansprüchen und Erwartungen verbunden, aus denen sich die Verbindlichkeit von kognitiven Orientierungen allererst ergibt. Die welterschließende Kraft des Denkens ist nur innerhalb einer Gemeinschaft von Sprechern gegeben, die einander für die Richtigkeit und Unrichtigkeit ihrer Gedanken zur Rechenschaft ziehen können.

So gerüstet, kann Esfeld den absurden Superholismus in einen plausiblen moderaten Holismus verwandeln. Da es eine kommunikative Praxis ist, in der Überzeugungen ihren Inhalt erhalten, erweist sich auch die

Reichweite ihrer Bestimmtheit als eine letztlich praktische Frage. Es liegt niemals ein für alle Mal fest, *inwieweit* man die Überzeugungen eines anderen teilen oder überblicken muss, um eine seiner Äußerungen zu verstehen. Statt »ad infinitum« – ins Unendliche – zu reichen, sind die Vernetzungen des Denkens »ad indefinitum« – bis ins Unbestimmte – artikuliert. Einen bestimmten Gehalt haben unsere Gedanken vor dem Hintergrund einer unbestimmt weiten Verbindung mit anderen Gedanken und mit den Gedanken anderer. Für die Kommunikation genügt das. Und wie schon Wilhelm von Humboldt bemerkte – allein das macht Kommunikation interessant.

Michael Esfeld,
»Ein Argument für sozialen Holismus
und Überzeugungs-Holismus«,
in: *Zeitschrift für philosophische Forschung*
54/2000, Heft 3

37. Ausverkauf der letzten Adressen

Es ist immer interessant zu beobachten, was ein Autor
macht, nachdem er den springenden Punkt seines Philosophierens gefunden hat. Seit seinem 1994 erschienenen Buch *Flucht aus der Kategorie* verfolgt der Darmstädter
Philosoph Gerhard Gamm das Programm einer »Positivierung des Unbestimmten«, mit dem er weitreichende
Konsequenzen aus dem Scheitern der philosophischen
Systembildung seit dem Deutschen Idealismus zieht.
Gamm beobachtet, wie der Versuch einer kategorialen
Erfassung der Welt allerorten auf unverfügbare Verhältnisse stößt, die weder theoretisch noch praktisch durch-
sichtig gemacht werden können. Aus der Anerkennung
dieser Grenzen des Machbaren soll sich ein neuer Anfang
einer kritischen Theorie des gegenwärtigen Zeitalters ergeben.

Die *Studien zu einer Semantik des Unbestimmten,* die Gamm
jetzt veröffentlicht hat, führen diesen Entwurf in verschiedene Richtungen aus. Sie versammeln Beiträge zu
den Themen der Moderne, des Wissens, der Moral und
der Technik. Die Absichten des Autors zielen dabei weniger auf eine Präzisierung als vielmehr auf eine Ausdeh-
nung seiner ursprünglichen Einsicht. Entsprechend hört
das Unbestimmte in seinen Texten auf vielerlei Namen,
als da sind »Unterbestimmtheit«, »Überbestimmtheit«,
»Unbestimmbarkeit«, »Unausdeutbarkeit«, »Unentscheid-
barkeit«, »Undurchsichtigkeit«, »Offenheit« oder »Kontingenz«. So verschieden diese Akzente sind, überall stößt
der Autor auf Lebens- und Erkenntnislagen, in denen
das menschliche Tun und Lassen in Bedingungen einge-
lassen ist, die sich einer letztgültigen Bestimmung entziehen. Dieses Unbestimmte ist kein Etwas, das durch Begriffe oder Regeln dingfest gemacht werden könnte, aber es

ist auch kein Nichts, das ohne Wirkung auf unser Erkennen und Handeln wäre. In Anlehnung an Adorno verleiht ihm Gamm »die Bedeutung des Nichtidentischen, eines ›nicht nichts‹, das an allem, was ist, gleichsam eine Öffnung markiert oder alles Seiende in einen Raum unauslotbarer Möglichkeiten entlässt«.

Leider steht dieser schöne Satz in einer abwegigen Deutung von Thomas Bernhards furiosem Roman *Korrektur*. Gamm liest ihn als eine Apologie der perfektionistischen Obsessionen seines Helden. So sehr aber dieser Roithamer, die Hauptfigur, sich von einem Drang nach absoluter Einsicht und Ordnung leiten lässt, der Roman selbst torpediert dieses Projekt in jeder Zeile. »Hohles Pathos«, »heroischen Nihilismus«, gar »unfreiwillige Komik« kann ihm nur andichten, wer sich taub macht für die humoristischen Energien, mit denen die Musik seiner Sprache das Verlangen nach endgültiger Bestimmung zersingt.

Vorerst enttäuschend bleiben auch die moraltheoretischen Konsequenzen, die Gamm aus seiner Umwertung der Werte zieht. Er schließt sich bruchlos dem Denken von Emmanuel Levinas an, das die Moral in einem grundlosen, gänzlich asymmetrischen Verpflichtetsein gegenüber dem Anderen wurzeln lässt. Die einleuchtende Kritik an instrumentalistischen Moraltheorien aber führt Gamm – wie schon Levinas – zu extremen Behauptungen, die man beim besten Willen nicht beim Wort nehmen kann. So heißt es etwa, »dass die Pointe aller Moral gerade in der Überschreitung aller Hinsichtnahmen und aller identifizierenden Blicke liegt«. Eine Moral aber, die gar keine Unterschiede mehr macht – zwischen Steinen und Menschen, Tätern und Opfern, zwischen Freude und Leid –, begibt sich jeder Möglichkeit, einen anderen überhaupt als bedürftig *wahrzunehmen*.

Der Verzicht auf eine »letzte Adresse«, wie Gamm sich ausdrückt, wird hier selber zu etwas Letztem, das grundlos hinter allen Gründen steht. Die starke Betonung der Unauslotbarkeit gerade auch der Verhältnisse, die wir gerne ins Lot bringen möchten, gerät auf eine schiefe Bahn, sobald »das Unbestimmte« mit vorsokratischer Geste in den Rang einer ontologischen Größe erhoben wird, die unabhängig von aller Bemühung um Bestimmtheit waltet. Unbestimmtheit in ihren vielen Formen ist jedoch nicht mehr und nicht weniger als der kontrastbildende Schatten, den das flackernde Licht menschlicher Bestimmungen unvermeidlich erzeugt. Daher sollte eine Theorie des Unbestimmten zugleich eine Theorie der korrigierbaren Bestimmungen sein, die wir uns im Umgang mit uns selbst und der Welt zutrauen müssen.

Gerhard Gamm, *Nicht nichts.*
Studien zu einer Semantik des Unbestimmten,
Frankfurt/M. 2000

38. Eine Vorstufe des Cyberspace

Von jenem Ziegenbock, von dem die Überlieferung berichtet, er sei wütend gegen das eigene Spiegelbild angerannt, das ihm aus einer gutpolierten Autotür entgegenblickte, unterscheidet sich der Mensch unter anderem dadurch, dass er nicht allein in Bildern Objekte, sondern Objekte als Bilder wahrzunehmen vermag. Er vermag Bilder als Darbietungen zu sehen, die sich von dem unterscheiden, was in ihnen dargeboten wird. Freilich gibt es seit der Steinzeitmalerei eine solche Fülle piktoraler Formen, dass es vielen aussichtslos erscheint, von einem einheitlichen Grundphänomen des Bildes zu sprechen. Nur die kleine Risikogruppe der Philosophen wird ein ums andere Mal rückfällig und macht sich auf die Suche nach einem Wesen der Sache.

Zu ihr gehört Lambert Wiesing. Nach seinem vielbeachteten Buch über *Die Sichtbarkeit des Bildes* legt er nun sehr anschauliche Anwendungen und Erweiterungen vor. Mit guten Gründen schlägt sich Wiesing auf die Seite einer phänomenologischen Bildtheorie, die ihre Objekte daraufhin untersucht, als was sie sich einem Betrachter präsentieren. Mit weniger guten Gründen hält er dies für unvereinbar mit einer semiotischen Bildtheorie. Denn nur wenn man den Begriff des Zeichens mutwillig verkürzt, kann man sagen, dass eine Theorie piktoraler Zeichen das visuelle Ereignis des Bildes verfälschen muss.

Von diesen Grabenkämpfen abgesehen lautet Wiesings zentrale Aussage, dass jedes Bild, ganz gleich, wozu es ansonsten verwendet werden mag, eine Sphäre der »reinen Sichtbarkeit« eröffnet. Im Bild sind Objekte zu sehen, die nur für das Auge da sind. Es macht Verhältnisse gegenwärtig, die am Ort ihres Erscheinens nicht existieren. In Anlehnung an Sartre versteht Wiesing die von Bildern dargebotenen Gegenstände als »imaginäre« Objekte. »Schaut man auf ein physisch existentes Bild, so schaut man in eine physikfreie Zone.« Was immer Erinnerungsfotos, Werbeaufnahmen, Kunstbilder oder Videoclips an Information und Animation, an Reflexion und Rhythmus enthalten mögen, sie bereichern die Welt um die Welt eines reinen Seins, das nur im Sehen erkundet werden kann.

Das ist eine faszinierende These, für die der Autor eindrucksvolle Kronzeugen aufbringt. Aber sie leuchtet gerade phänomenologisch nicht ein. Über der einseitigen Betonung der »Phänomene *im* Bild« kommt das Phänomen *des* Bildes zu kurz. Wiesings Position nämlich ist an die Annahme einer »medialen Selbstverleugnung« des Bildes gebunden. Demnach müssen wir den materiellen Bildgegenstand *übersehen*, wenn wir die auf ihm dargebotenen Gegenstände sehen wollen. Jedoch kommt die anschauliche Präsentation immaterieller Objekte nur auf dem wahrgenommenen Schauplatz der materiellen Bildfläche zustande. Die pure Sichtbarkeit von Bildobjekten kann nur erfassen, wer zugleich auf die handfeste Fläche ihres Erscheinens achtet. Das zeigt sich besonders, wenn wir uns vor Bildern bewegen: Niemand wundert sich darüber, dass die dort sichtbaren Objekte – anders als diejenigen im Raum – immer dieselbe Ansicht zeigen.

Auf die Wahrnehmung der Differenz zwischen dem Bildereignis und den Ereignissen im Bild ist jeder trainiert, der überhaupt in der Lage ist, visuelle Muster als Bilder zu verstehen. Es ist diese doppelte Aufmerksamkeit, die der bildblinde Ziegenbock nicht zur Verfügung hatte. Nimmt man diese Differenz zum Ausgangspunkt der Reflexion über das Bild, so hat das nebenbei auch den Vorteil, dass die ungegenständliche Malerei nicht als ein verdecktes gegenständliches Bild behandelt oder ins Reich der Objektkunst abgeschoben werden muss.

Trotzdem entwickelt Wiesing eine alles in allem schlüssige Theorie – jedoch nicht des traditionellen Bildes, sondern der computergestützten Simulation. Hier, wo sich ein virtueller Raum der Sichtbarkeit *beweglicher* Objekte auftut, ist es in der Tat so, dass sich die wahrnehmbaren Objekte von der Auffälligkeit der Fläche ihres Erscheinens lösen. Damit ist eine neue Form des Bildlichen entstanden, die Wiesing insgeheim auf alle herkömmlichen Bilder projiziert. »Das Bild wird schon wie ein primitiver Cyberspace behandelt«, heißt es einmal beiläufig. Das ist das futuristische Programm, das der Autor mit waghalsiger Konsequenz verfolgt.

Lambert Wiesing,
Phänomene im Bild, München 2000

39. Theodor Wittgenstein Adorno

Es gibt gelehrte Abhandlungen über Heidegger und Adorno einerseits, Heidegger und Wittgenstein andererseits, und mittlerweile ist das eine Selbstverständlichkeit. Das war nicht immer so. Adorno hatte sich Heidegger als Antipoden ausgesucht, der seinerseits mit einem eisigen Schweigen antwortete, das bis in die siebziger Jahre die Leserschaft beider Philosophen feindlich verband. Heidegger und Wittgenstein hingegen hatten einander so gut wie gar nicht im Blick; erst mit Karl-Otto Apels Interpretationen begann sich nach und nach herumzusprechen, wie vieles sie gemeinsam im Auge hatten. Wittgenstein und Adorno aber – das sieht nach einer unwiderruflichen Nicht-Beziehung aus. Schließlich hat Herbert Schnädelbach Adornos selbstgewissen Satz über Wittgensteins *Tractatus logico-philosophicus* überliefert: »Dies sind Dinge, von denen nichts zu verstehen ich zu Recht stolz bin.«

Damit scheint alles gesagt. Ist es aber nicht, meint Rolf Wiggershaus, der unermüdliche Erforscher des Frankfurter Theorie-Universums, von dem das 1986 erschienene Mammut-Werk *Die Frankfurter Schule* stammt. In einem Essay über das Verhältnis der beiden übrig gebliebenen Genies der deutschsprachigen Philosophie des 20. Jahrhunderts räumt er eine der letzten Bastionen des akademischen Lagerdenkens beiseite. Das Trennende kommt dabei nicht zu kurz. Obwohl Wittgenstein und Adorno beide Juden aus wohlhabenden, stark bildungsorientierten Familien waren, waren ihr musikalischer und literarischer Geschmack sowie ihre Wege zur Philosophie und ihre Wirksamkeit in ihr doch höchst verschieden. Und auch dort, wo sie Avantgardisten waren, waren sie es auf verschiedener Seite: der eine – Wittgenstein – eher in der

Form seiner Werke, der andere – Adorno – eher im öffentlichen Einsatz für neueste Kunst.

Dennoch, behauptet Wiggershaus, liegt ihrem Denken eine gemeinsame Intention zugrunde: die Haltung einer reflektierenden Teilnahme an der menschlichen Lebenspraxis. Beider Leidenschaft gilt einer Verteidigung der Pluralität der Welt und des Lebens, wie sie sich im vielfach gebrochenen Prisma der Sprache spiegelt. Mit »unnaiver Naivität« verteidigen sie die Verschiedenheit des Verschiedenen gegenüber der Einheit in allem. In ihrer Opposition gegen den Uniformismus herrschender Kulturen und Theorien entwickeln beide einen unorthodoxen Stil. Wo Wittgenstein versucht, den Verwirrungen des Denkens mit einer »übersichtlichen Darstellung« zu begegnen, wählt Adorno ein Vorgehen der »deutenden Gruppierung« und des »konstellativen Denkens«. Beide bekennen sich zu einem verwandten schriftstellerischen Ideal. Mit ihren umwegreichen und nicht selten unwegsamen Texten wollen sie etwas sagen, was nicht geradewegs zu sagen ist. Ihre Sätze sollen keine Thesen durchpauken, sie sollen zusammen eine veränderte Sichtweise wirksam werden lassen. Ein passendes Motto für dieses Verfahren findet Wiggershaus bei Goethe: »Kein Phänomen erklärt sich an und aus sich selbst; nur viele, zusammen überschaut, methodisch geordnet, geben zuletzt etwas, das man Theorie nennen könnte.«

Das Ergebnis dieser interpretativen Parallelaktion, dessen ist sich Wiggershaus bewusst, fällt für Adorno überraschender aus als für Wittgenstein. Der Autor wirbt für einen Adorno, der nicht in erster Linie Ideologiekritiker, Geschichtsphilosoph oder Kunsttheoretiker, sondern »Theoretiker der unrestringierten Erfahrung« ist. Er nutzt sein Doppelporträt, um Adorno vor dem Ruf einer Kassandra des »Verblendungszusammenhangs« zu retten, die auf die Frage nach den Standards ihrer globalen Kritik nichts Vernünftiges zu sagen weiß. Der Porträtierte wird als ein Anwalt verschütteter Möglichkeiten des Lebens erkennbar, die er in der ständigen Befragung des scheinbar Selbstverständlichen aufzuspüren sucht.

So ist dieses schmale Buch eine mit leisem Pathos geschriebene Streitschrift für einen wiederbelebten Adorno, der es verdient hätte, in der Ethik seines Schreibens ernst genommen zu werden. Trotz der erheblichen begrifflichen Virtuosität ist dies eine Ethik der Wahrnehmung; sie fordert dazu auf, sich die Aufmerksamkeit für die Weite des Wirklichen nicht abkaufen zu lassen. Einführungen in Wittgensteins Werk gibt es viele; dies ist eine weitere gute. Einführungen in Adornos Denken gibt es fast ebenso viele; dies ist eine der besten.

Rolf Wiggershaus, *Wittgenstein und Adorno.*
Zwei Spielarten modernen Philosophierens, Göttingen 2000

40. Der Sound der Sechziger

Es soll Autoren geben, die den Abend ihrer Tage mit einer Lektüre der eigenen Werke verbringen. Jürgen Habermas zählt nicht zu ihnen. Der Soziologe Stefan Müller-Doohm hatte ihn 1998 eingeladen, bei einem Freiburger Kongress an einer Veranstaltung unter dem Titel »Soziologie und Philosophie: Rückblick auf dreißig Jahre *Erkenntnis und Interesse*« teilzunehmen. Eher widerwillig ließ sich Habermas darauf ein, um bei der Neulektüre des Buches festzustellen, dass ein Druckfehler, über den er sich schon 1968 bei Erscheinen des Buches geärgert hatte – die pikante Verwandlung von »herrschaftsfrei« in »herrschaftlich« – auch im 67. Tausend der Neuauflage unverändert erhalten geblieben war. Diese Neuauflage von *Erkenntnis und Interesse* im Jahr 1973 war übrigens der erste und als Flaggschiff äußerst erfolgreiche Band der Reihe *suhrkamp taschenbuch wissenschaft* – der einzigen Buchflotte dieser Art, der die Theorie-Flaute späterer Zeiten nichts anhaben konnte.

Als stw-Band Nr. 1464 liegt nun eine voluminöse Sammlung der Beiträge des Habermas gewidmeten Freiburger Forums vor. Sie vereint ein Autorenkollektiv unterschiedlicher Generationen und Disziplinen, das sich in breiter Streuung der Entwicklung der Theorie des Autors seit *Erkenntnis und Interesse* widmet. Und sie enthält einen kurzen Kommentar von Habermas, in dem er seine Reaktionen beim Wiederlesen des Buches mitteilt. Dies verschafft uns Vergnügen zu verfolgen, wie ein Klassiker einen seiner Klassiker liest.

Habermas bekennt, dass er geneigt ist, »früher eingenommene Positionen als Stufen eines Lernprozesses zu betrachten«. Wir dürfen von ihm also keine faire Behandlung des für ihn alten Buchs erwarten. Dessen Stil immerhin stellt er das gute Zeugnis aus, »nicht einmal schlecht komponiert und einigermaßen schwungvoll geschrieben« zu sein – ein Kompliment, das nicht alle seiner späteren Werke verdienen. Den Gang der Argumentation aber sieht Habermas von den »Eierschalen des geschichtsphilosophischen Denkens« behaftet. Auch die »Versöhnungsperspektive des Deutschen Idealismus« und »das Fichtesche Freiheitspathos« sind ihm fremd geworden; das seien »vergilbte Seiten«. Selbst da, wo er mit grundsätzlicher Zustimmung liest, stört ihn ein »vollmundiger Ton«. Etwa in einem Satz wie diesem: »Die Emanzipation vom Zwang der inneren Natur gelingt im Maße der Ablösung gewalthabender Institutionen durch eine Organisation des gesellschaftlichen Verkehrs, die einzig an herrschaftsfreie Kommunikation gebunden ist.«

Hat sich also das im Rückblick fantastisch anmutende Projekt einer »Erkenntnistheorie als Gesellschaftstheorie«, dem sich Habermas in den sechziger Jahren verschrieben hatte, als ein Irrweg erwiesen? Nicht ganz. Die kognitiven »Interessen«, die Habermas in den Verhältnissen der Arbeit und der Interaktion ausgemacht hatte und mit einer kritischen Reflexion über den Stand ihrer historischen Entwicklung verbinden wollte, hat er in späteren Jahren lediglich anders erläutert. An die Stelle der Geschichtsphilosophie ist eine pragmatische Theorie der inneren Normativität menschlicher Praxis getreten. Diese sucht die Grundorientierungen, ohne die es im gesellschaftlichen Leben nicht geht, im kommunikativen Alltagshandeln der Menschen auf. Hier, in den wechselseitigen Erwartungen und Ansprüchen, mit denen sozialisierte Individuen einander unvermeidlich begegnen, liegt für Habermas das Potenzial einer Kritik an gesellschaftlichen Verhältnissen, die einer demokratischen Selbstorganisation keinen Spielraum lassen.

Darum kommt er in seiner unbegeisterten Lektüre am Ende doch zu einem positiven Resümee. Ihm sei damals die »Reflexivität der Umgangsprache« aufgegangen, von der eine moderne Verteidigung des schon von Kant propagierten »Interesses der Vernunft« ihren Ausgang nehmen könne. Somit hat der bundesdeutsche Meister der Moderne keinerlei Anlass, seine intellektuellen Taten von 1968 zu verleugnen. Seinen heutigen Lesern mag es außerdem gut tun, die coolen Phrasierungen seiner reiferen Prosa einmal mit dem Sound der Sechziger zu vertauschen, in dem es ohne Umschweife zur Sache geht: »In der Selbstreflexion gelangt eine Erkenntnis um der Erkenntis willen mit dem Interesse an Mündigkeit zur Deckung; denn der Vollzug der Reflexion weiß sich als Bewegung der Emanzipation.«

Stefan Müller-Doohm (Hg.),
Das Interesse der Vernunft. Rückblicke auf das Werk von Jürgen Habermas seit »Erkenntnis und Interesse«,
Frankfurt/M. 2000

41. In Gefahr und höchster Not

Seit Kant die ästhetische Wahrnehmung als »Zustand eines freien Spiels der Erkenntnisvermögen« bestimmte, »welches sich von selbst erhält«, hat der Begriff des Spiels in der philosophischen Ästhetik einen festen Platz. Jenseits der Theorie des Theaters jedoch ist er nie in die Rolle des Grundbegriffs gerückt. Das ist jetzt anders. Unter dem programmatischen Titel *Für eine Ästhetik des Spiels* entwirft Ruth Sonderegger eine Theorie der Kunst, die alles auf die Karte des Spielbegriffs setzt.

Ihr erster Gewährsmann ist Friedrich Schlegel. Die Kunst, sagt Schlegel einmal, solle »zwischen dem Dargestellten und dem Darstellenden, frei von allem realen und idealen Interesse auf den Flügeln der poetischen Reflexion in der Mitte schweben«. Dieses Schweben wird von Sonderegger als ein Spiel interpretiert, das sich als ein unendliches »Hin und Her« zwischen zwei unvereinbaren Behandlungsweisen des Kunstwerks vollzieht. Die eine ist auf ein »Zusammenlesen« der Bedeutungen aus, die sich in der Organisation eines Werks verkörpert finden. Die andere widmet sich einem »Auseinanderlesen« dieser Bedeutungen, indem sie die anarchische Interaktion der Formen und Materialien des Kunstwerks verfolgt. Jede dieser gegenläufigen Reflexionen erzeugt ein andersartiges »Produkt«. Wo die eine einen inneren Sinn ihrer Objekte findet, deckt die andere die Unsicherheit allen Sinnes auf. Diese beiden Lesarten sind laut Sonderegger unausweichlich miteinander verzahnt; weil das so ist, ist die Kunsterfahrung »ein strukturell unendliches Spiel mit erkennenden Produktbildungen unterschiedlicher Art«.

Zu diesem Ergebnis kommt Sonderegger in der Auseinandersetzung mit zwei prominenten philosophischen Richtungen. Die sinnsuchende Seite der Kunsterfahrung wird von der *Hermeneutik* Hans-Georg Gadamers repräsentiert, die sinnstörende durch die *Dekonstruktion* des Jacques Derrida. Beiden Philosophen weist die Autorin mit guten Argumenten nach, dass sie dem Eigensinn der Kunsterfahrung nicht wirklich gerecht werden. Ihre Theorie des Spiels ist das Resultat eines permanenten Spiels mit diesen Theorien, die nicht als Alternativen verstanden, sondern vielmehr zu einer plausiblen Theorie »zusammengedacht« werden sollen.

»In Gefahr und höchster Not bringt der Mittelweg den Tod«, lautet das einem Filmtitel von Alexander Kluge entlehnte Motto dieses Buchs. Das ist ein merkwürdiges Leitwort für eine Abhandlung, die sich von der ersten bis zur letzten Zeile auf der Suche nach dem – im Vergleich mit anderen Autoren – *richtigen* Mittelweg zwischen Hermeneutik und Dekonstruktion befindet. Dieser Weg aber macht es schwer, eine positive Bestimmung der Autonomie des Ästhetischen zu finden. Sondereggers Vorgehen legt die Kunsterfahrung darauf fest, nach »Produkten« zu streben, von denen sie sich dann immer wieder befreien muss und befreien darf. Zu mehr als dieser negativen Freiheit kann es so nicht kommen. Die Begegnung mit Kunstwerken ist jedoch überhaupt nicht auf Produkte aus, sondern auf selbstzweckhafte Vollzüge der Wahrnehmung und Imagination: auf die Erkundung von Objekten, die – mit Schlegels Worten – im unfasslichen Geschehen ihres »Darstellens« eine »Darstellung« unfasslicher Verhältnisse eröffnen.

Dennoch weist das Programm einer Ästhetik des Spiels einen aussichtsreichen Weg. Man darf nur den Bereich des Ästhetischen nicht rein und rigide auf den Umgang mit Kunstwerken festlegen. Sonderegger grenzt das Spiel der Kunst immer wieder von den »nichtästhetischen Spielen« ab. Solche Spiele aber gibt es nicht. Spiele – das Spiel der Wellen, die Spiele der Kinder, Liebesspiele, die Wettkampfspiele des professionellen Sports – sind immer auch ästhetische Ereignisse. In der Anteilnahme oder Teilnahme an ihnen wird stets um Gegenwart gespielt. Wer spielt, will sich gegenwärtig sein in einer Weise, wie es außerhalb der Zeiten des Spielens nicht möglich ist. Auch die Objekte der Kunst verwandeln die Situation derer, die an ihr Anteil nehmen. Indem sie *sich* gegenwärtig machen, lassen sie *uns* in ihrer Gegenwart verweilen. Und indem sie das tun, geben sie eine *Anschauung* vergangener, künftiger oder augenblicklicher Gegenwarten frei.

Ruth Sonderegger, *Für eine Ästhetik des Spiels.*
Hermeneutik, Dekonstruktion und der Eigensinn
der Kunst, Frankfurt/M. 2000

42. »Und das können Sie beschreiben?«

Dass moralische Verpflichtungen weiter reichen als das Leben derer, denen gegenüber sie bestehen, ist eine der Selbstverständlichkeiten, die ungreifbar werden, sobald man über sie nachzudenken beginnt. Wir sollen die Toten in Ehren halten, wir sollen auf künftige Generationen Rücksicht nehmen – und zwar um ihretwillen, nicht allein des sozialen Friedens wegen. Auch die gegenwärtige Diskussion über die Nutzung der Gentechnik berührt dieses Problem: Fast alle sind sich darüber einig, dass wir Verpflichtungen auch gegenüber denen haben, die noch nicht – spürbar, sichtbar, ansprechbar – unter uns leben. (Der Kern des Streits betrifft die Reichweite und das Gewicht dieser Verpflichtungen.) Wie aber können wir Pflichten *gegenüber* Menschen haben, die noch nicht oder nicht mehr unter uns sind?

Einem wenig diskutierten Aspekt dieses Problems waren die Max Horkheimer Vorlesungen gewidmet, die der israelische Philosoph Avishai Margalit im Mai 1999 an der Universität Frankfurt gehalten hat. Bekannt geworden ist Margalit durch den sozialphilosophischen Entwurf einer *Decent Society* (auf Deutsch als *Politik der Würde* erschienen), der minimale Standards einer humanen Gesellschaftsordnung festzulegen versucht. Nun wendet er sich der Frage zu, inwieweit Individuen und Kollektive nicht allein das Bedürfnis, sondern die Verpflichtung haben, sich ihrer Angehörigen zu erinnern. Die Vorlesungsreihe freilich, in der er seine Überlegungen entfaltet hat, existiert nicht mehr; der Fischer Verlag glaubt, sich diese Art der Kulturförderung nicht länger leisten zu können.

Margalit geht von der Beobachtung aus, dass Individuen und Kollektiven manchmal vorgeworfen wird, sie könnten sich ihrer Toten nicht erinnern. Diesen Vorwurf sieht er begründet in der Anteilnahme, die die Mitglieder von Lebensgemeinschaften voneinander erwarten dürfen. Zwar kann diese Anteilnahme allein unter den lebenden Angehörigen einer Kultur ausgeübt werden, aber sie kann *gegenüber* allen bestehen, die ihr angehört *haben* und in diesem Sinn weiterhin Angehörige *sind.* Die Pflicht der Erinnerung ist eine Verpflichtung im Angesicht derer, mit denen wir diese Erinnerungen hier und jetzt teilen; aber sie erstreckt sich darüber hinaus auf alle, die wir zu den Unsrigen zählen. Sie betrifft nicht allein die Tugenden, die diese bewiesen, sie betrifft auch die Verbrechen, die sie begangen haben mögen.

Im Bewusstsein der weitreichenden religiösen Wurzeln, die die Praxis der kollektiven Erinnerung hat, versucht Margalit gleichwohl ein nicht nur religiöses Verständnis ihrer Verbindlichkeit zu entwickeln. Dabei werden die Grenzen dieser Verbindlichkeit deutlich. Im Unterschied zur »moralischen« Rücksicht, die allen Menschen als solchen gilt, greifen »ethische« Beziehungen allein dort, wo eine gemeinsame Geschichte ein weit engeres soziales Verhältnis geschaffen hat. Erinnerungsgemeinschaften aber, sagt Margalit, sind »ethische« Gemeinschaften. An eine Globalisierung ihrer – selbst oft brüchigen – Erinnerungsfähigkeit glaubt er nicht. Denn »man kann kaum erwarten, dass eine anonyme Menschheit als Gemeinschaft des *Eingedenkens* fungiert, wenn sie schon als Gemeinschaft der *Verständigung* versagt«.

Diese Trennung von ethischer und moralischer Stellung sieht sich allerdings auf eine bemerkenswerte Weise aufgehoben in der Rolle des »moralischen Zeugen«. Ihm ist die überragende Schlussvorlesung gewidmet, die ihr Thema in intensiven Variationen umkreist. Der moralische Zeuge ist Agent der kollektiven Erinnerung und Anwalt der moralischen Urteilsbildung zugleich. Er ist jemand, der das einer Gemeinschaft barbarisch zugefügte Leid nicht allein beobachtet, sondern am eigenen Leib erfahren hat. Er kann seine aussichtslos erscheinende Mission nur unter extremen Bedingungen erfüllen. Er lebt dennoch von der schwachen Hoffnung, dass es »an einem anderen Ort oder zu einer anderen Zeit« Adressaten geben wird, die seinem Zeugnis ihr Ohr leihen werden. Und er vermag zu *sagen*, was mit ihm und den Seinen geschieht. In einer Notiz zu ihrem berühmten Gedicht *Requiem* erinnert sich die russische Dichterin Anna Achmatova an eine Begebenheit aus der Zeit des stalinistischen Terrors. Inmitten einer Warteschlange vor einem Leningrader Gefängnis wurde sie von jemandem erkannt. »Da erwachte die hinter mir stehende Frau mit blauen Lippen aus der uns allen eigenen Erstarrung und fragte mich leise: ›Und das können sie beschreiben?‹ Und ich sagte: ›Ja.‹ Da glitt etwas wie ein Lächeln über das, was einmal ihr Gesicht gewesen war.«

Obwohl Margalit gar keinen Anspruch auf eine Theorie erhebt, sind seine Ausführungen, wie dieses und die weiteren ständig mitgeführten Beispiele belegen, Theorien im besten und buchstäblichsten Sinn: nämlich *Anschauungen*, in denen sich eine große begriffliche Klarheit mit einer wachen Beobachtung der historischen und politischen Welt vereint.

Avishai Margalit, *Ethik der Erinnerung*, übers. v. R. Stach, Frankfurt/M. 2000

43. Ein Comeback für Hegel

Das hätte man nicht für möglich gehalten, dass die angelsächsische Philosophie des 20. Jahrhunderts einmal in das Fahrwasser eines objektiven Idealismus einbiegen würde. Als »idealistisch« wurden bestimmte ihrer Tendenzen freilich schon früher gekennzeichnet. Aus Wittgensteins sozialer Theorie des Geistes schien zu folgen, dass die Welt, auf die wir uns erkennend und handelnd beziehen, nichts weiter als ein kulturelles Erzeugnis ist. Dieser relativistischen Deutung sind alle diejenigen gerne gefolgt, die das Ideal objektiver Erkenntnis – mit Nietzsche, Foucault oder Rorty – für einen Fetisch der modernen Wissenschaft halten. Wer aber an der intersubjektiven Natur des Geistes festhalten und dennoch die Objektivität der Welt nicht preisgeben will, was könnte er tun? Er könnte ein Bündnis mit Hegel schließen, indem er zu zeigen versucht, dass die Strukturen des Geistes und der Welt aus einem Stück sind.

So ist es gekommen. Robert Brandoms Opus Magnum über *Expressive Vernunft* entwickelt eine umfassende Theorie des intersubjektiven Austauschs von Gründen. Dieser erscheint als die zentrale Börse der Vernunft, an der alle Elemente des Erkennens und Handelns ihren Wert als Bestandteile der menschlichen Orientierung erhalten. Die Interaktion unter den Teilnehmern wird hier durch eine wechselseitige Einschätzung darüber geregelt, worauf sie sich mit ihren Behauptungen einerseits *festgelegt* haben und zu welchen Aussagen sie andererseits *berechtigt* sind. Aus den Verbindlichkeiten dieser diskursiven Anerkennung entwickelt Brandom alle philosophischen Grundbegriffe, einschließlich desjenigen einer objektiven Welt. Diese liegt nicht jenseits unseres Begreifens, sondern ist selber durch und durch begrifflich verfasst.

Selbst die größten Verfechter eines robusten Pragmatismus aber beschleicht hier ein Unbehagen. Jürgen Habermas etwa hat Brandom in seinem Buch *Wahrheit und Rechtfertigung* vorgeworfen, »die Architektonik des nachhegelschen Denkens auf den Kopf zu stellen.« Mit seinem »Begriffsrealismus« werde der konstruktive Charakter der menschlichen Erkenntnis verfehlt. An die Stelle der erfahrenden Konfrontation mit einer kontingenten Welt, die sich in der Ausbildung möglichst angemessener Begriffe bewähren muss, trete eine bloße Nachbildung ansichseiender Gehalte. Habermas sieht darin eine theoretische Entmündigung des Menschen, in der er die Gefahr einer praktischen wittert. Brandom jedoch weicht in seiner kürzlich erschienenen Erwiderung um keinen Milimeter zurück. Er verwirft vielmehr das »positivistische Bild« einer Erprobung unserer Begriffe an einer begriffsfreien äußeren Welt.

Eckpfeiler dieser Operation ist der Begriff der Tatsache. Unter Tatsachen versteht Brandom den Inhalt wahrer Behauptungen. Behauptungen aber erhalten ihren Inhalt durch die Verwendung von Begriffen im Kontext der jeweils geäußerten Sätze. Der Begriff der Tatsache kann also nur zusammen mit dem der Behauptung analysiert werden. Jedoch darf diese *begriffliche* Abhängigkeit nicht als eine *genetische* verstanden werden. Die Welt erweist sich für Brandom als der Inbegriff aller Tatsachen, ganz unabhängig davon, wann und mit welchem Erfolg Gedanken über die Welt entstanden sind. »Es gab eine Zeit, in der noch niemand Begriffe gebrauchte, weil es noch keine diskursiven Praktiken gab. Aber es gab niemals Zeit, in der es noch keine Tatsachen gab.« Daraus soll folgen, das weder Begriffe noch Tatsachen von der Existenz denkender Wesen abhängig sind. Die Theorie der diskursiven Praxis erscheint so in einem Atemzug als eine Theorie der Grundstruktur der Welt.

Vor diesem Schluss von dem Denken auf das Sein aber

hatte Kant seinerzeit eindringlich – wenn auch im Fall Hegels vergeblich – gewarnt. Dass wir die Welt nicht anders als begrifflich denken können, heißt nicht, dass sie in sich selber begrifflich geordnet wäre. Natürlich war die Erde rund, lange bevor jemand erkannte, dass sie es ist. Aber was da Bestand hatte, war nicht eine *Tatsache*, wie nur diskursive Wesen sie feststellen können, sondern die *Erde* mit ihrer runden Gestalt (wie sie sich unserem Begreifen mittlerweile erschließt). Das Konstatieren von Tatsachen ist die Art, in der wir uns über Objekte und Ereignisse *in Kenntnis* setzen. Wer Objektivität, wie Brandom es will, allein »intersubjektivistisch zu sichern« versucht, verliert den Sinn dafür, wie abhängig der Austausch unter Subjekten vom Dasein unabhängiger Objekte ist.

Robert Brandom, »Facts, Norms,
and Normative Facts«, in: *European Journal
of Philosophy* 8/2000, Heft 3

44. Das Richtige im Falschen

Auch Bücher haben ein Alter, und wie die Menschen verändern sie sich mit ihm. In diesem Frühjahr haben die *Minima Moralia* von Theodor W. Adorno ihren fünfzigsten Geburtstag. Zwischen 1944 und 1947 – nach der gemeinsam mit Max Horkheimer verfassten *Dialektik der Aufklärung* – im kalifornischen Exil entstanden, ist diese Sammlung von 153 »Reflexionen aus dem beschädigten Leben« bis heute Adornos populärstes Buch geblieben. Mit einer Auflage von gut 100 000 Exemplaren führt es wie kein anderes die theoretische Befähigung und die künstlerische Begabung dieses Philosophen vor.

Dennoch sind die *Minima Moralia* ein Buch, mit dem heutige Leser alles falsch machen können. Das geschieht, wenn die in ihm gesammelten Stücke vorwiegend als Weiterführung der *Dialektik der Aufklärung* oder als Vorstufe der 1966 erschienenen *Negativen Dialektik* aufgefasst werden. Sie erscheinen dann als Bruchstücke eines vergeblichen Systems, das mit allen seinen dialektischen Künsten in immer derselben Sackgasse landet. Diese öffnet sich vor der unbeantwortbaren Frage, die sich auch beim Lesen der *Minima Moralia* ein ums andere Mal stellt: Wie ist dieses Feuerwerk hellsichtiger Gedanken möglich, wo doch Autonomie, die Bedingung aller Hellsicht, nach Adornos eigenen Prämissen in der »verwalteten Welt« ganz unmöglich ist?

Historisch ist diese Aporie leicht zu erklären. Adornos Schriften aus den vierziger Jahren sind unter dem Schock des faschistischen Terrors geschrieben, vor dem er sich im amerikanischen Exil sicher wusste und den er doch in vielen Zügen der modernen Lebenswelt angelegt sah. Dies weitet sich bei ihm zu der Diagnose einer global organisierten Unmündigkeit aus – einer Diagnose, von der

der Autor sich selbst nicht ausnehmen will und doch ausnehmen muss. Eine systematische Lektüre aber darf sich mit dieser Erklärung nicht begnügen. Sie sollte sich aus dem Widerspruch befreien, in dem Adorno seine Leser gefangen nimmt. Sie sollte in der Gewaltsamkeit seiner Thesen eine literarische Technik erkennen, die keiner einzelnen Aussage das letzte Wort überlässt. Eine solche Lektüre behandelt die *Minima Moralia* als das, was sie sind: als eine Komposition von Aphorismen, in der nichts so steht, wie es sich auf den ersten Blick liest.

Dieses Verfahren lässt sich nirgends besser demonstrieren als an dem berühmtesten, längst sprichwörtlich gewordenen Satz der *Minima Moralia*: »Es gibt kein richtiges Leben im falschen.« Er bildet die abschließende Sentenz eines über zwei Seiten langen Aphorismus, der den Schwierigkeiten gewidmet ist, sich in modernen Zeiten irgendwo häuslich einzurichten. Für bare Münze genommen, wäre das ein rein zynischer Satz. Er liefe auf die Ausrede hinaus, da die Möglichkeit richtigen Lebens nun einmal verstellt sei, sei es ganz gleichgültig, wie man sein Leben gestalte. Adorno aber meint das Gegenteil. Anstatt sie aufzuheben, bekräftigt er die Differenz von Richtig und Falsch. Auch wenn ein im ganzen richtiges Leben unmöglich ist, so ist es für ein unverblendetes Dasein äußerst wichtig, sich den Sinn für das Richtige nicht abkaufen zu lassen. Immer wieder überlegt Adorno, wie es am besten wäre, sich in schwieriger Lage zu verhalten. »Einzig listige Verschränkung von Glück und Arbeit läßt unterm Druck der Gesellschaft eigentliche Erfahrung noch offen«, heißt es einmal. Adorno ist gewiss fixiert auf die destruktiven Tendenzen der Moderne, aber er gibt darüber den »Traum eines Daseins ohne Schande« nicht auf.

Mit diesem Traum freilich hat es eine besondere Bewandtnis. Adorno lässt sich von einem außerordentlich extremen Ideal des individuellen und gesellschaftlichen Lebens leiten. Dem Modell der Produktion, von dem er alles Leben – und Morden – unter den Bedingungen der Moderne geleitet sieht, stellt er ein Modell der Kontemplation gegenüber, unter dem Menschen und Dinge einander in unwillkürlicher Aufmerksamkeit begegnen könnten. Seine Kritik der Praxis erfolgt im Namen eines Zustands, der jenseits der Nötigung zu absichtsvoller Koordination und Kooperation stünde. Nur vom Unmöglichen her können wir unsere Möglichkeiten verstehen – dieser aberwitzigen Maxime folgt Adornos Denken. Man muss diesen Grundsatz nicht unterschreiben, um von der Genialität seiner Anwendung gefesselt zu sein.

Theodor W. Adorno,
Minima Moralia, Frankfurt/M. 2000

Philosophie nach der Postmoderne

Nach dem »nach«

Glossen zur Philosophie »nach der Postmoderne« sind Übertreibungen – zum einen, da in der Diskussion nicht einmal feststand, ob es das fragliche Phänomen überhaupt gibt, zum andern, weil genug Teilnehmer ihm ein ebenso langes Leben wünschten wie der guten alten Moderne. Die *Diskussion* über Moderne und Postmoderne aber kann man mit gutem Recht für beendet erklären. Eine Diskussion über Philosophie nach dem Ende der Diskussion über die Postmoderne ist nicht länger eine Diskussion über das richtige Label für das gegenwärtige Zeitalter, sie ist nur noch eine Verständigung über den Sinn der Philosophie – darüber, wie es mit ihr nach den Kämpfen um den philosophischen Diskurs der Moderne steht. Was hat die Philosophie in diesen Auseinandersetzungen gewonnen – und was hat sie verloren?

Ihr größter Gewinn ist ein Verlust – der Manie, alles und jedes verloren zu geben. Den modernen Schlachtliedern einer Überwindung des Hergebrachten folgte ein Potpourri von Abschiedsgesängen, das zwar den Gedanken einer progressiven Entwicklung, nicht aber den Hang zum Hinter-sich-Lassen hinter sich ließ. Was ist in den vergangenen Jahrzehnten nicht alles verabschiedet worden! Die Metaphysik, die heideggersche, foucaultsche, derridasche oder habermassche Desavouierung der Metaphysik, der Mensch, das Subjekt, das Objekt, der Gegensatz von Subjekt und Objekt, das Bewusstsein, die Bewusstseinsphilsosophie, das alteuropäische Denken, das Geltungsparadigma, die Bedeutungsidentität, die Repräsentation, die Referenz, die Präsenz, der Universalismus, die Wahrheit, das Schöne, das Erhabene, der Gegensatz zwischen dem Schönen und Erhabenen, überhaupt alle Gegensätze, das Definieren, die Idee, das Gute – eigentlich alles bis auf Teufel und Engel, die eine wunderliche Renaissance erlebten. Jedoch setzt sich mehr und mehr die Erfahrung durch, dass man auch in der Philosophie von Abschieden allein nicht leben kann. Wer sich die Themen der Tradition nicht anverwandeln kann, hat keinen Grund und kein Recht, von ihrer überlieferten Behandlung Abstand zu nehmen. Die Position des »nach« ist keine haltbare Position. Solange sie keine eigene Position *zu* den Sachen enthält, die sie der benachbarten Sicht entgegenstellen kann, hat sie keine, von der aus sie freundlich oder feindlich grüßen könnte. (Satz und Gegen-Satz sind in der Philosophie Nachbarn; soviel immerhin ist richtig am dialektischen Denken, das auf den grassierenden Finissagen nicht einmal mehr verabschiedet wurde.) Im Spiel der Verabschiedungen setzt sich das Philosophieren selber aufs Spiel. Die Philosophie braucht *sich* nicht zu verabschieden, da sie nicht zu *verabschieden* braucht.

Eine für alle

So leicht gelingt das auch gar nicht, der Abschied von allem und jedem, zumal von sich selbst. Denn Philosophieren, das ist – aus der Position eines bestimmten Jemand die Position eines beliebigen zu denken. Streicht man das philosophierende Subjekt, das hierbei *seine* Position ins Spiel bringt, streicht man auch die Philosophie, die hierbei *eine* Position gewinnen kann, die sich vom Standpunkt der Wissenschaften und vom Geschäft der Lebensberatung unterscheidet. Ziel der philosophischen Tätigkeit ist ja nicht einfach Erkenntnis, im Sinn eines Resultats, das man sicherstellen und anwenden kann, sondern Anschauung: die erkennende Anschauung der eigenen Position als einer, die nicht nur die eigene ist, oder einer fremden Position als einer, in der sich Züge der eigenen finden. Ohne den Ausgang von der kontingenten Position *dieses* erkennenden Subjekts gelangt man zu keiner reflexiven Erkenntnis der Position *nicht nur* dieses Subjekts, das heißt zu keinem philosophischen Satz. Im Relativen das Irrelative zu finden und im Irrelativen das Relative nicht zu vergessen, sind hier zwei Seiten einer Medaille.

Philosophieren, könnte man auch sagen, ist eine Tätigkeit des Nachdenkens über Dinge, über die nachzudenken für alle, die ohne äußeren Zweck nachdenken können, früher oder später unumgänglich ist. Wer sich ein Eis kaufen will, für den mag es sich lohnen zu überlegen, wo das beste Eis am günstigsten zu haben ist. Wer kein Eis kaufen will, braucht hierauf keinen Gedanken zu verschwenden. Wer aber ein Eis oder sonst etwas begehren kann, und dies weiß, und sich daher zu fragen weiß, wie zur Stimme des Begehrens gespielt werden soll, kann sich fragen, was es heißt, ein Begehren zu haben und es zu erfüllen. (Heißt begehren immer Erfüllung begehren?, könnte er sich fragen; nein, könnte die Antwort lauten.) Das kann sich jede für jeden und jedes fragen. Jeder und jede, die sich überhaupt etwas fragen können, können fragen, wie es nicht nur für sie ist und was es nicht nur für sie bedeutet, in einer jener Lagen zu sein, in denen es (heute oder immer) unmöglich ist, nicht zu sein. Sie können also bei sich selbst beginnen. In der Frage: »Was bedeutet dies nicht nur für mich (oder sonst jemand Bestimmten)?« bleibt das »für mich« als Ausgangspunkt lebendig, auch wenn jede Beschränkung auf ein »nur für mich« aufgehoben wird. Im Philosophieren sprechen wir nicht *über* alle, sondern *für* alle, die in einer Lage sind wie wir – seien das nun viele oder alle.

Freilich darf dies nicht im Sinn einer Stellvertretung verstanden werden. Wer philosophiert, will nicht *an Stelle* der
anderen sprechen, sondern im Bewusstsein auch ihrer
Stellung. Es geht um eine Freilegung geteilter Verhältnisse, wer mag, kann auch sagen: um die Konstruktion eines Wir. Wer aber ist dieses Wir, für das und aus dem das
Philosophieren spricht, auch wenn nur eine oder einer
spricht? Wann sind es einige, wann sind es viele, wann
sind es alle?

Das kommt darauf an. Es kommt darauf an, worüber
jeweils gesprochen wird – über Erkenntnisbedingungen,
über Grundrechte, über die Signatur eines Zeitalters oder
über den Umgang mit Kunst. Wie viele aber jeweils gemeint sein mögen, immer sind *alle* gemeint, die das fragliche Verhältnis etwas angeht – alle Angehörigen eines
Zeitalters, alle, die einen Sinn für Kunst haben, alle, denen Grundrechte zugeschrieben werden können (ob sie
sie in Anspruch nehmen oder nicht), alle, die einer propositionalen Erkenntnis fähig sind, und so weiter. Und
jedes Mal hat dieses Wir keine klare Grenze, was die Zahl
seiner Angehörigen betrifft. Denn jedes Mal kann es eine
Diskussion darüber geben, wer alles dazugehört oder da-
zugehören soll. Hat diese Diskussion aber einmal begon-
nen – meist mit der Entdeckung, dass noch *weitere* in jener Lage sind, von der wir glaubten, dass nur »wir« in ihr
seien – so ist die anfängliche Grenze auch schon überschritten, oder doch: als überschreitbar erfahren.

In einem bestimmten Sinn hat daher Richard Rorty
Recht, wenn er in seinem programmatischen Essay über
Solidarity or Objectivity festhält, »that there is only us«. Philosophie ist Selbstverständigung – »wir« machen uns klar
oder klären uns darüber auf, wie es mit den Verständnissen steht, von denen wir uns bisher haben leiten lassen.
Aber sie ist eine Selbstverständigung, die jede nur parti-

kulare Position transzendiert. Daher verwandelt sich die Sentenz in einen philosophischen Unsinnssatz, sobald sie als begrenzende Feststellung verwendet wird, wie es bei Rorty tatsächlich geschieht: leider können wir nur für uns sprechen, nicht aber für andere, nicht für euch. Der Satz verwandelt sich außerdem in einen unfreiwillig zynischen Satz, liest man ihn buchstäblich als »There is only US(A)«.

»Ich kann ich nur für mich sprechen, nicht aber für dich« – dies zu sagen, ist natürlich in vielen Kontexten sinnvoll, vor Gericht, vor einem Kunstwerk, in politischen und philosophischen Debatten, immer wenn es darum geht, die eigene Sicht, die eigene Meinung zur Geltung zu bringen. Die Meinung aber, um die es im Philosophieren geht, *betrifft* nie nur mich oder uns, irgendein begrenztes, individuelles oder kollektives Subjekt. Das philosophische »wir« ist kein exklusives, sondern ein inklusives Wir.

Universalismus

Alle Philosophierenden reflektieren in jeweils *ihrer* Lage über eine allgemeine Verfassung ihrer *Lage*. Aber auch wenn es nur die Lage ist, in der man sich als Angehöriger der abendländischen Tradition, als Kind des Computerzeitalters oder Angehöriger eines bestimmten Geschlechts in einer historischen Epoche befindet: allgemeine Züge dieser besonderen Lage sind nur zu erkennen, wenn sie gegen andere – frühere oder spätere, mögliche oder unmögliche, komplementäre oder konträre – Lagen gehalten werden. Auch wenn die Einsichten, die es entwickelt, einmal nicht selbst universelle Aussagen sind, verfährt das Denken doch jederzeit in *der* Bedeutung universalistisch, dass es die Grenze seiner auf historische Räume, Zeiten und Situationen eingeschränkten Sätze reflexiv schon überschritten haben muss, wenn es ihnen den Sinn philosophischer Sätze geben will. Bei der eigenen Lage anzufangen, aber doch weit über die eigene Lage hinaus zu gehen: was für das philosophierende Subjekt gilt, gilt auch für das philosophische Sujet. Es darf nicht bei einer partikularen Behandlung bleiben. Das ist es ja, was Reflexion ohne äußere Einschränkung heißt. Anders als (in einer schwachen oder starken Form) universalistisch ist Philosophie nicht möglich.

The Beauty and the Beast

Aber, so hört man – oder hörte man? – allenthalben klagen, wo bleibt dann das Besondere, das Heterogene, das Einmalige, das Unwiederholbare, der Sinn für die Differenz, für die Individualität von Ereignissen, Epochen, Lebewesen und Lebensweisen? Werden die Objekte dieses Sinns hier nicht aus dem Reich des Wirklichen verbannt zu Gunsten einer, wenn es gut geht, grauen Allgemeinheit, wenn es aber schlecht geht, zu Gunsten eines totalitären, alles über einen Kamm scherenden Denkens? Zerreißt hier nicht die Bestie des Universalismus einmal mehr den schönen Leib der partikularen Gestalten des Lebens? Weit gefehlt. Die angebliche Bestie der allgemeinen Reflexion ist, wie das Untier im Kino, wenn man es nur ließe, stets im Begriff, als ihre zarteste Beschützerin zu handeln.

Erstens ist der Sinn für Differenz und Einmaligkeit selber ein allgemeiner Sinn, da prinzipiell nicht nur *dieses*, sondern *jedes* Partikulare nach Schutz verlangt und Schutz verdient. Zweitens gibt es kein Bewusstsein des Individuellen ohne die Möglichkeit seiner benennenden Identifikation; es muss sich von Fall zu Fall sagen lassen, *welches* Besondere besonders beachtet und geachtet werden soll. Wie es einen *allgemeinen* Ausdruck braucht, mit dem auf *beliebige* Exemplare hingewiesen werden kann, um auf ein *besonderes* Exemplar zu verweisen – auf diese Blume oder diese Brücke –, so braucht es eine ins Allgemeine gehende Reflexion, um das Besondere – einer Kultur, einer Gemeinschaft, einer Person, eines Artefakts – in seiner Singularität zur Geltung zu bringen. Die Rettung der Phänomene braucht den Beistand der Begriffe.

Undarstellbarkeit

Aber durch Begriffe *erfasst* werden können sie doch gerade nicht! Schon richtig. Es ist ein gemeinsames Motiv der besten modernen und postmodernen Autoren, den Glauben an die Beherrschbarkeit des Wirklichen immer wieder zu erschüttern. Seit Heidegger dem Zuhandenen und Vorhandenen das Sein gegenübergestellt und Adorno das Zauberwort vom »Nichtidentischen« in die Welt gesetzt hat, ist eine Positivierung des Unwahrscheinlichen, Irregulären, Nichtverfügbaren im Gange, die man für theologisch halten könnte, wenn sie nicht einfach realistisch wäre. Zumal der Kunst wurde die Aufgabe einer öffentlichen Demonstration der Grenzen des kognitiv und technisch Kommensurablen, geradezu einer »Darstellung des Undarstellbaren« zugewiesen, wie es Jean-François Lyotard im Anschluss an Kants Theorie des Erhabenen formuliert hat. Bevor wir uns jedoch mit Lyotard und anderen auf eine neue Mythologie des Undarstellbaren einlassen und diese mit einer romantischen Apologie des Unsagbaren mischen, sollten wir fragen, was aus diesen unbestreitbaren Grenzen der Darstellbarkeit eigentlich folgt.

Es folgt, dass in jeder Darstellung vieles nicht dargestellt bleibt. Je mehr und genauer dargestellt wird, jedes Mal wiederholt sich das Verhältnis von Dargestelltem und (in der jeweiligen Darstellung) Undargestelltem. Es ist unmöglich, eine Brücke oder Blume oder sonst einen Wahrnehmungsgegenstand vollständig darzustellen. Es ist aber keineswegs unmöglich, eine Blume oder Brücke zutreffend zu identifizieren und zu charakterisieren. Erst in der Darstellbarkeit, heißt das, tritt Undarstellbarkeit auf. Das Wirkliche, das erkennbar ist, ist dasselbe Wirkliche, das nicht erschöpfend erkannt werden kann. Das Reale ist das Worüber zutreffender Darstellungen, das sich in seiner Darstellbarkeit dennoch als vielfach undarstellbar erweist.

Dramatischer könnte man sagen, dass jede Darstellung Dimensionen des Nichtdargestellten eröffnet und folglich, dass jedes Wirkliche ebenso durch Darstellbarkeit wie durch Undarstellbarkeit gekennzeichnet ist. Dieses Undarstellbare aber ist nichts außerhalb des Darstellbaren, es ist ein Verhältnis des Darstellenkönnens selbst. Undarstellbar ist das Reale, weil es in seiner prinzipiellen Darstellbarkeit die Möglichkeiten der Darstellung prinzipiell übersteigt. Man braucht also nicht *entweder* für die Rätselhaftigkeit der Welt *oder* für ihre Erkennbarkeit zu plädieren, man darf es gar nicht, wenn man sich zum Anwalt der Erkennbarkeit oder der Unerkennbarkeit, der Verfügbarkeit oder der Unverfügbarkeit des Wirklichen machen will.

Perspektivität

Aber – aus der Position eines bestimmten die Position eines beliebigen Jemand zu denken, muss das nicht gerade heißen, die Perspektivität jedes Zugangs zum Wirklichen ernst zu nehmen? Ist Wirklichsein denn nicht lediglich eine Funktion von Darstellungsmedien, also – frei nach Rorty – ein Kompliment, das wir den Objekten brauchbarer Darstellungen zollen? Haben wir nicht gelernt, die Frage nach dem Sein des Seienden umzuleiten zu der Frage nach den Konstruktionen, aus denen für uns »Wirklichkeit« resultiert? Selbst wenn wir dies gelernt hätten (woran Zweifel erlaubt sind) – wir hätten die klassische Frage nach der Wirklichkeit des Wirklichen gestellt, wie es seit jeher alle tun, die uns in Sachen Realität und Realitätsglauben desillusionieren wollen.

Wie resistent oder porös oder plastisch das Wirkliche auch gedacht werden mag, an der Persistenz der *Frage* nach dem Wirklichen kann kein Zweifel bestehen. Die Annahme, beispielsweise, dass alles Erkennen perspektivisch ist, ist erstens wiederum selbst ein allgemeiner Satz und eröffnet zweitens ein weites Feld allgemeiner Betrachtungen. Von Kant über Nietzsche und Frege bis hin zu den heutigen Theoretikern der Übersetzung und Interpretation (ob sie nun Quine oder Davidson, Gadamer oder Brandom, Putnam oder Derrida heißen) wird das Problem traktiert, wie sich die unterschiedlichen Gegenstände unserer Rede zu unseren unterschiedlichen Reden von den Gegenständen verhalten. Dass von Realität nicht unabhängig von ihrer Zugänglichkeit als Realität gesprochen werden kann, so zeigt sich dabei, bedeutet nicht, dass es keine von unseren Zugängen unabhängige Realität gibt. Wäre alles, worüber wir denken und sprechen, nur eine Funktion unseres Denkens und Sprechens, gäbe es kein verständliches Denken oder Sprechen. Wir hätten keinen Sinn für die *Differenz* von Perspektiven, könnten wir sie nicht – wie schon bei der simplen Wahrnehmung einer Blume oder einer Brücke – als unterschiedliche Perspektiven auf *eine* Sache verstehen. Im scheinbar Relativen, der Perspektive jedes Erkennenden, macht sich auch hier das Irrelative bemerkbar: die jedem Erkennenden zugängliche Möglichkeit, sich aus einem besonderen räumlichen, zeitlichen, sprachlichen Zugang auf etwas allgemein Zugängliches zu beziehen, das seine Realität gerade in dieser intersubjektiven Zugänglichkeit beweist.

Selbst das »Verschwinden der Wirklichkeit« in einer medialen Welt, das uns seit einigen Jahren angekündigt wird, könnte nur eintreten als etwas, das in Bezug auf uns alle Wirklichkeit hat. An der »Errettung der äußeren Wirklichkeit«, die Siegfried Kracauer vor bald vierzig Jahren lieber dem Kino überlassen sehen wollte (das dieser Aufgabe nicht allzu gewissenhaft nachgekommen ist), führt in der Philosophie nichts vorbei.

Wirklichkeit

Seit jeher gelten die Philosophen als weltfremd, sie sind aber – von Platon und Aristoteles bis hin zu Foucault und Rorty – wirklichkeitsversessen. Sie wollen sich den Begriff des Wirklichen nicht diktieren lassen – nicht durch die konventionelle Meinung, nicht durch die Inhaber der Macht, schon gar nicht von irgendeiner Wissenschaft. Im Unterschied zur Erforschung dessen, was alles Wirklichkeit *hat*, gehen sie der Frage nach, was an den so ermittelten Beständen das Wirkliche *ist*. Gegenüber den modernen Wissenschaften, die sich auf Bereiche der Welt spezialisiert haben und dabei bewusst oder unbewusst ihre regionalen Ontologien entwerfen, bleibt die Philosophie in der Rolle einer Zweiflerin, ob denn das, was in Physik, Biologie, Soziologie, Ethnologie usw. als wirklich beschrieben wird, die ganze Wahrheit über das Wirkliche sei. Auch wenn ein Philosoph die Auffassung vertritt, alles, was sei, sei das, was in der Sprache der Physik beschrieben werden kann, lässt er sich dies nicht von der Physik sagen, sondern sagt es selber. Ebenso wird eine Philosophin, wenn sie sagt, die Moral sei nur ein System von Verabredungen zum wechselseitigen Vorteil, darauf bestehen, etwas über die zumeist verkannte Wirklichkeit des ethischen Lebens gesagt zu haben. Wer philosophiert, überlegt, wie wir wirklich zu dem stehen, was jeweils in Rede steht.

Mit einem Spezialistentum für die »letzten Dinge« hat dies wenig zu tun. Alle Philosophierenden, hieß es oben, reflektieren in jeweils ihrer Lage über eine allgemeine Verfassung ihrer Lage. Über *eine* allgemeine Verfassung; ohne den unbestimmten Artikel wäre diese Bestimmung vermessen. Die philosophische Obsession für das Wirkliche ist mit einer Demut gegenüber seiner Unerforschlichkeit vereinbar. Über *die* allgemeine Verfassung des Menschen ist so wenig auszumachen wie über die allgemeine Verfassung eines Stuhls oder eines Kohlkopfs. Es gibt sie nicht, diese eine allgemeine Verfassung. (Die Dinge sind in vielen Hinsichten erkennbar, aber sie haben kein Wesen.) Es gibt vieles, was auf dem Weg reflexiver Selbsterkenntnis erkannt werden kann; das ist alles. Mit philosophischen Systemen ist darum wenig Staat zu machen. Die Philosophie fragt zurück nach Verständnissen, von denen wir uns in unserem Tun und Lassen leiten lassen, hellt diese Verständnisse auf, gibt ihnen Kontur, korrigiert sie dann und wann, und in seltenen Augenblicken entwirft sie neue. Sie bewegt sich in einem Zusammenhang interdependenter Einsichten, ohne Aussicht auf Anfang und Ende.

Improvisation

Dieses beharrliche Zurückfragen ist eigentlich alles, was die Philosophie treibt. Ziel dieser Tätigkeit ist, wie oben gesagt, eine Vergegenwärtigung der eigenen Position als einer, die nicht nur die eigene ist. So sehr es dabei um Erkenntnisse über diese Position geht, im Gewinnen kognitiver Resultate geht diese Tätigkeit nicht auf. Denn Philosophie *übt das aus*, was sie untersucht. Sie ist Weltbegegnung im Vollzug der Frage, was Weltbegegnung sei.

Etwas Ähnliches könnte man auch von der Kunst sagen. Diese Ähnlichkeit ist kein Zufall. Auch die Kunst ermöglicht eine Begegnung mit menschlicher Weltbegegnung. Nur erzeugt sie ihre Anschauung nicht wie die Philosophie auf der bescheidenen Tastatur reflexiver Aussagen und Argumente. Sie dirigiert ein Orchester von Materialien und Medien, in dem Aussagen und Argumente manchmal eine tragende, oft eine geringe und sehr oft gar keine Rolle spielen. Kunst zeigt, wie Weltbegegnung ist, und benutzt dabei manchmal Elemente des Sagens; Philosophie sagt, wie Weltbegegnung möglich ist, und benutzt dabei immer auch Figuren des Zeigens.

Weil die Philosophie in ihren Texten immer auch *zeigen* muss, aus welcher Perspektive sie von ihren Gegenständen etwas zu *sagen* versucht, hat man die Philosophie in den letzten beiden Jahrzehnten durch einen verstärkten Hinweis auf ihre literarischen Qualitäten interessant zu machen versucht. Jedoch war dies zu viel der Ehre; auf die Orientierung an einem unverstellten Sagen, auf Behauptung und Argument, auf Begriff und Begründung, auf These und Gegenthese kann keine Philosophie verzichten. Auch dort nämlich, wo sie zu Texten führt, die vorwiegend auf indirekten Wegen wandeln, zielt sie auf das Spektrum von Aussagen, die aus der literarisch entworfenen Perspektive absehbar werden. Anders als im Fall der Literatur, bei der alles Sagen in der Funktion eines Zeigens steht, steht in der Philosophie alles Zeigen in der Funktion eines Sagens. Einen philosophischen Text lesen – oder auch nur: einen Text als philosophischen lesen – bedeutet, eine Interpretation der Aussagen des Texts zu gewinnen (selbst wenn er selber keine ausdrücklichen Aussagen trifft). Einen literarischen Text lesen – oder auch nur: einen Text als literarischen lesen – bedeutet, Interpretationen zu finden, von denen her die Gestik, Dramatik, Melodik des Texts in einem intensiveren Licht erscheint. Eine philosophische Lektüre holt Aussagen aus dem Sprachraum des Texts heraus, eine literarische spricht Aussagen in den Schallraum des Texts hinein.

Jedes ernsthafte Philosophieren ist daher zu einem Verrat an der literarischen Integrität der behandelten oder produzierten Texte gezwungen. Denn nur der Gedanke ist einleuchtend, der auch mit anderen Worten ausgesprochen werden kann. Schon Platon hat im Grunde richtig gesehen, dass zu allem primären Philosophieren eine Abneigung, ja Verachtung gegenüber der Hörigkeit auf die geschriebene Rede gehört. Es verlangt die Fähigkeit, die Hände vom Text zu nehmen, um sich freihändig zu bewegen. Alles Philosophieren ist letztlich eine Handlung der *Improvisation* auf eigene und fremde Gedanken, Reden, Texte. Alle Sätze des Philosophierens sind – alles Machen solcher Sätze ist – dazu da, in theoretischer Kontemplation variiert zu werden. Alle seine Ergebnisse sind vorübergehender Natur; das Denken geht früher oder später an ihnen vorüber.

Wieder so frei

Philosophie als eine Art des Jazz, bei dem die geschriebenen Zeilen die spärlichen Noten und die Leser die improvisierenden Spieler sind – weltabgewandter, scheint es, kann ihre Stellung kaum sein. Aber auch das ist nur die halbe Wahrheit. Denn aus dieser relativen Weltfremdheit – wenn man denn weltfremd eine Tätigkeit nennen will, die keine weiteren Ziele als ihre eigenen braucht – ist ihre entschiedene Weltzuwendung gemacht. Philosophie ist reflexive und transgressive Selbstanschauung – *deswegen* hat sie einen eigenständigen öffentlichen Gebrauch. Ihre öffentlichen Tugenden und Verpflichtungen entspringen ihrer Lizenz, alle Funktionalisierungen abweisen zu dürfen. So wie nur diejenigen Sportler im Wettkampf (und darüber hinaus) erfolgreich sein können, die ihren Sport gleichwohl um seiner selbst willen ausüben, so kann – und darf – die Philosophie eine öffentliche Stimme nur in Anspruch nehmen, wenn sie ihre eigene Reflexion durchzuhalten vermag.

Sie bringt dies zu Stande, indem sie zurückfragt, wovon in öffentlichen Diskussionen eigentlich die Rede, was in sozialen und kulturellen Konflikten eigentlich der Streitpunkt ist; indem sie nachfragt, wie sich die Gründe, die den

Umgang mit Problemen der Abtreibung, des Asyls oder der gerechten Verteilung von Gütern leiten, zu jenen verhalten, die in anderen Bereichen als Standards der Menschlichkeit gelten; indem sie darüber aufklärt, in welchem Sinn das Wirkliche ein Machwerk des Bewusstseins oder der Medien ist – und in welchem Sinn nicht; indem sie die Besonderheit einer Situation in ein allgemeines Verhältnis und Verständnis rückt, oder auch, umgekehrt, indem sie ein allgemeines Verhältnis und Verständnis an der Betrachtung besonderer Situationen prüft – und wenn nötig bricht; indem sie, ohne Lösungen zu versprechen, die sie nicht geben kann, jene Fähigkeit ausspielt, in der sie mit der Kunst, von der sie doch so verschieden ist, doch so verwandt ist: am Anderen das Eigene und am Eigenen das Andere sichtbar zu machen.

Sie vermag dies aber nur, wenn sie ohne falsche Ambition und Bescheidenheit weiterhin ihre eigenen Aussagen riskiert. Waren es in den siebziger Jahren Soziologie und Kapitalanalyse, die der Philosophie ein schlechtes Gewissen verschafften, waren es in den Achtzigern Ethnologie und Literaturtheorie, die sich als Dompteusen versuchten, so ist es heute das ewige Gespräch einer lokalen politischen und historischen Bildung, das die ungebundene Reflexion in den Dienst nehmen will. Es ist immer dasselbe falsche Versprechen – dass die Philosophie anderswo besser dran sei als bei sich selbst. Dabei ist sie unaufgehoben viel besser aufgehoben. Philosophie »nach der Postmoderne«, das wäre eine, die wieder so frei wäre, Philosophie zu sein.*

* Dieser Essay erschien zuerst 1998 in der Zeitschrift *Merkur* (Heft 9/10, S. 890–897).